裸一貫で挑戦した
年商20億円

創英社/三省堂書店

はじめに

本書をひも解く前に書名をあらためてご覧いただきたい。

『裸一貫で挑戦した　年商20億円』としたのは、まぎれもなく私の人生そのものの証だからである。

そんなことできるわけがないと思われる方も、ひょっとしたらできるかもと思われる方もぜひお読みいただいて参考にしていただければ幸いである。

本書では、時系列にこだわらず、その時々における私なりの活力やその成果の一端を、また家族との絆などをできるだけ赤裸々に披露させていただいた。

本文中の会話の部分では、たびたび私の故郷の関西なまりが出てくるが、当時の様子をよりご理解いただくために敢えて表現したつもりである。

活字離れといわれる昨今だが、もともと書物というものは、その文中の一行でも一ページでも読者に感動を与えてくれたなら、その価値を認めざるを得ないのではなかろうか。

多少重複するところもあるが、どこからでも読めるようにと配慮した。

さて、水戸黄門の歌にある「人生楽ありゃ苦もあるさ」ではないが、人の生い立ちなんてものは千差万別あるのだし、運不運などと言っても始まらない。

なぜなら、生まれも育ちも自分では決められないのだから。

しかしその子が後年になって「あなたの子供でよかった」と思えるかどうかは、基本的に親の愛情一つにかかっているのも事実ではある。

結局、自立できる人は義務教育後にしっかりと志や目標をもって生きようとする前向きの人間ではないだろうか。

かのクラーク先生もおっしゃった「少年よ大志を抱け」の精神をもっているか否かで、その人の生き方を大きく左右するものとも言える。

私の場合、あるいはその時代の私と言ったほうが分かりやすいが、十五歳の春のこと。中学校を卒業したての私は、縁あって大阪の小さな活版印刷所に就職することになった。父の教えどおり、「人の三倍働きなさい」を肝に銘じ、子供心をふるわせながら吉野の里から都会への旅立ちとなった。

日中は、朝八時から午後の五時まで印刷所で働き、夜は六時から九時まで定時制高校に通い、帰宅してから夕食をとり、その後は自分の部屋で名刺印刷のアルバイトをし、いつも寝るのは夜中の二、三時ごろであった。

もちろんその間になにもないわけではない。学びと遊びの両面をこなしてきた。

その甲斐あってか、七年後の昭和三十一年（一九五六）にはこの生活に終止符を打ち、二十二歳で独立することになった。そのころは高度成長期の初期の段階であったと記憶している。

その年には確か東京タワーも完成したし、皇太子（現在の平成天皇）さまと美智子さまの婚約が発表され、翌年に結婚式が盛大に行われたのも覚えている。


今まで培ってきた印刷技術のノウハウを活かし、大阪の港区で名刺の印刷業を旗揚げする。と同時に、奈良県立短期大学（現在の奈良県立大学）の夜間部に入学する。

これまでほとんど働き詰めの私にとって、経営哲学など持ち合わせていないことを日ごろから痛切に感じていたのである。

ことに心・体ともに若く向学心に燃えていた。

卒業までの二年間、大阪から奈良まで片道一時間半で往復三時間かかるが、その近鉄電車の中の時間は、私にとって貴重な教室となった。


その後二十五歳にして念願の一軒家（ボロだが）を購入。翌年二十六歳で結婚（今のかみさん）。二人の子供にも恵まれ、孫も今では八人になった。

その可愛い孫たちから私の七十六回目の誕生日にメッセージが届いたので、それも巻末に掲載することにした。

仕事では、名刺・チラシ・カタログなど印刷に関してはほとんどこなしてきた。

五十一歳のある日ある時、運も味方してか「ホワイト・テレフォンカード」と出合う。

その二年後、分厚いカタログを抱え、正月の真っ只中に単身上京するが、——

続きは本文で。

いつも私は自分に言い聞かせ、実行してきた〝なにくそ〟の「反骨精神」と、「山川式戦略」などを読者に伝えたい一心で筆を執らせていただいた。

何にでも逆らうことが反骨精神というわけではない。世間の通説やら慣習にあまり囚われることなく自分独自で開拓し孤軍奮闘することをいう。

とにかく精一杯、知恵を絞れば道が開けること請け合いだ。

そうこうしているうちに私の会社の業績などが、業界新聞やらマスコミに取り上げられ、経営者セミナーなどの講師に担ぎ出されることになった。

口べたであったが私も勉強になると思い、引き受けることにした。

講演先は、NTT、リクルート、ダスキン、日本HR協会、大阪商工会議所、大阪市中小企業指導センター、尼崎東ロータリークラブ、因幡産機ASK経営者懇談会などなど。テーマは「小さな企業でも大企業に対抗できる手段があること」をメインにことごとく説いて回った。

その都度、私の講演を聴講してくれた方々から励ましの言葉や手紙をいただいたので、お礼の意味を込めてできるだけそれを掲載することにした。

もうひとつ付け加えさせていただくと、私は五十七歳で早稲田大学システム科学研究所を修了した。その間たくさんのご同輩および教授に恵まれ大変お世話になった。この場をお借りして感謝の気持ちを表したい。

感謝の気持ちとともに逆境にめげまいとする私の生きざまが、一人でも多くの読者のみなさまの一助となることを願わずにいられない。

谷村　勇

平成二十二年七月
大阪の自宅にて

目次

結び

五十三歳東京進出

――大転機・社員と家族の支え

通算二十二年の挑戦…

「成功せえへんことには、帰れへん」

私は心に決めていた。その覚悟もできていた。いよいよ東京へ進出する時がきたのである。ちょうど私が五十三歳の時で、昭和六十二年のことであった。

東京進出の目的は、もちろん私がほれて開発したホワイトカードの売り込みである。その年の元旦にお宮参りをし、おばあちゃん（女房の母）にそのことを告げる。おばあちゃんは、だまって頷き送り出してくれた。女房にも子供たちにも有無を言わさずの決心であった。

正月早々に身支度を整え、単身で東京に乗り込むのだ。

なぜ正月にしたのか。

それは私の信条の反骨精神からきている。皆が遊んでいるときが勝負であり、それが奇襲作戦ともなる。私は、多少の不安を抱えながらも、それにも増して意気揚々と出かけるのであった。勝機を見出さねば物事は始まらぬ。どうにかなるさ、いや〝為さねばならぬ何事も〟である。

当日、東京に降り立ったときは、あいにくの雨だったのを覚えている。「雨降って地固まる」のいわれもあるのだと気を取り直し、まずは池袋にワンルームマンションの一室を借り、東京事務所とした。テーブルや椅子などは中古品であったが、御徒町の多慶屋で揃えた。この多慶屋というのは、量販店のはしりで、決して高くはなく、ある程度のものは揃っている。

東京事務所といえば聞こえはいいが、なにせ私一人の営業所である。事務所はあっても電話を受ける人がいない。そこでまず携帯電話を活用することにした。どこへ行くにも電話と一緒。それも携帯の出始めで、大型のトランシーバーみたいな電話であった。私一人で秘書や事務員の役目も兼ねながらの営業である。地下鉄に乗ると使えないことが多く、交通はもっぱら「山の手線」であった。その窓際に立っては「もしもし、はいはい」、街を歩きながらも「もしもし、はいはい」、続く話は大阪弁となる。前を行く人も振り返る。恥ずかしいが、そうとも言ってられない。

なぜ池袋に居を構えなければならなかったのか。

それは単純明快。デパートが周辺にあったからであり、その他にも目指す訪問先があることを事前に調べておいたからである。現在は、池袋の三越がヤマダ電機になったが、東武、西武のデパートもあり、私にとっても魅力のある街の一つであった。

当り前のことながら、正月はどこもかしこも休みなのだが、私は準備にとりかかる。正月休みが明けて早々、最初に行ったのが東武デパートであった。今で言う飛び込みセールスである。ガードマンにどこへ行けば良いか聞いたところ、受付に案内された。受付の人に、

「お宅のデパートで売れるような画期的なカードを作ったので、外商の人か誰かに会わせてもらへんやろか」と言ったところ、

「それはどのようなものですか」

と言うので、

「テレカですねん」

と答えた。

「何ですかそれは」

受付の人は、まだテレカを見たことも聞いたこともなかったのだった。

「テレカとは、テレフォンカードのことで、公衆電話の十円玉に代わるものやけど」と、テレフォンカードを見せながら説明してみたが、一向にらちがあかない。私もしびれを切らして、

「こんなに良い製品を持ってきているのに何で会わせへんの」

と、やりとりをしているところに、上司（部長だった）と覚しき人が上からやってきた。

すかさず私は、

「すんまへん、お休みのところ。少し時間をいただいて、ワシの話を聞いてもらえんでっしゃろか」

いろんな人が訪ねてくる受付で、へんなおやじがごちゃごちゃ言ってるのが、わずらわしかったのか、その部長は応接間に通してくれた。

私は幾度となく「すんまへん」を繰り返しながら説明にとりかかった（この時、ひょっとして三越に行っても断られるかもしれないと、万一のことも考えながら）。今のところ得意先がないので、まず初めに東武百貨店へきたこと、このテレフォンカードの開発に一

年くらいかけて製品化にこぎつけたこと、いずれ十円玉に代わって、このカードが主流になるであろうこと、貴社の販促での効用価値があること、オリジナル製品であること、アイデア次第でおおいに普及が見込めることなどを滔々《とうとう》と述べたあと、貴社のためになるし、貢献できると思うので、ぜひお取引をお願いしたいと申込んでみた。

しかし、なかなか部長は、頷かないのである。私の反骨精神が顔をもたげた。私は業を煮やして、

「話が分からんようなら、この話をよそのデパートに持って行きまっせ、そしてやな、もしそのデパートがこれで儲かったらどないすんねん、あんたらの首がすっ飛ぶかもしれませんよ」

と、半ば、あきらめぎみに相手が驚愕するような言葉を吐き、続いて、

「あんたらの時間をさいてまで、ワシはそんなことを言いにきたのじゃあらへんのや。さっきも言ったように、あんたの会社のためを思ってのことやで。話の分かる人に会わせてもらえまへんか?」

私のゴリ(?)押しが功を奏したのか、やおら腰を上げ、部長は、外商部のおえらいさ

ん（専務であった）に会わせてくれたのである。

今でもその部長と専務への感謝の気持ちを忘れない。専務の「ワゴンセールをやってみませんか」のひと声で、文具売り場の小さなスペースを借りることができた。早速、机と椅子を置かしてもらい、そうして始まってからの三日間は、メガホン片手に、

「世界で一つしかないテレフォンカードを作りませんかー」

「一枚からでもＯＫですよー」

と、大きな声でお客さんに叫んだ。

その売り場はエスカレーターの脇だったせいもあり、ときには「うるさい」と言われながらも、なだめて、デパートが閉まる間際まで続けた。営業の人がときおり見に来ていたが、

「応援せえへんか」

と言ったところ、快く、手伝ってくれた。そのお陰で、初日七百枚ほど売ることができた。都合六日間で、およそ三千五百枚くらい売れたのである。

これで一件落着ではないし、これからがスタートだと肝に銘じる。すなわち、物が良け

れば（良い製品を作れば）、たった一人でも営業はできるのである。

そうして私は、はたと戦略を考えた。

一枚二枚と小きざみに売っていたのでは、ペイできるものではない。やはり法人会社にしぼるべきではないか、と。まず身近だった東武百貨店での千枚ロットの受注を皮切りに、私はカバン持ちであったが、外商部員と一緒に東武のグループ会社に行ってもらった。このとき、ひらめいたのが、外商マンを一つの店としよう。例えば、三百人の外商部員がいるとすれば、三百余りの店舗が集まったことになる。本体の会社のためにもなる。私は東武にひっかえし、部長に、

「臨時朝礼をやっていただけまへんか」

と頼んでみた。部長は朝礼で一時間ほど時間をくれた。

私は外商部員の皆さんに、このテレフォンカードを作るのに通常は、ＮＴＴでも二週間ほどかかるが、弊社なら四日ほどでできることや、新規に顧客開拓するチャンスであることなどをこんこんと説いた。そして、

「私は田舎もんですが、ぜひお願いしたい」

と言ったところ、ほとんどの外商部員が頷いてみせてくれた。私の熱意が通じたのか、ほぼ一週間で結果が出た。

東武での成果を基に、西武、三越、東急ハンズなどにも声をかけると、またたく間に広がってしまったのである。

お陰で外商部とも取り引きができ、その外商部員を取引先と考えることができたのである。

そうこうしているうちに、通算で二十二年を経過してしまったのであるのである。


ところで、単身赴任中で特に忘れられないことがある。

それは上京して間もない昭和六十二年（一九八七）の秋頃のことだった。

私が東京でどんな生活をしているかを見るため、大阪から女房とまだ嫁に行く前の次女の二人が上京してきた。

早速、東京のホテルを予約するのだが、いかんせん私もまだ不慣れで電話帳に頼るしかすべがなかった。

池袋の事務所に近いメトロポリタンのつもりが、全く違ったメトロ何とかというホテルに予約してしまった。

彼女たちが期待していたかどうかは分からないが、たぶん期待はずれだったと思う。そこは木造二、三階建ての小さなホテル（木賃宿風の）だったが、久し振りの家族水入らず、「まあいいか」で泊まることにした。

私があまりにも多忙だったこともあり、一泊だけだったが、折角だから東京見物でもと思い、翌日は浅草方面への観光に出かけた。

そして夕方には東京駅まで見送りに行き、別れ際になって私は二人に申し訳ない気持ちと不憫さにかられ涙をこらえていた。

二人が新幹線に乗車した瞬間に押さえきれなくなり、涙がドッとあふれてきて大泣きしてしまった。

そのまま手を振って見送る私の姿を二人が車窓から見ていたのだが、私は何とも言えないむなしさを感じて帰路に着いたであろうと、今でも苦い思い出として脳裏に焼きついている。

家族のありがたさや絆というものをしみじみと味わっている昨今である。

社員と家族の支えがなかったらこうもいかなかったのではないかとつくづく思っている。

営業展開（年商二十億円突破）

社員の笑顔が決め手…

思い出深いのは、確か第六十八回だったと思うが、夏の全国高等学校野球大会のことであった。かの甲子園球場で出場校のテレカを販売したところ、一日で五千～八千枚も売れたのである。絶えず二、三十メートルの行列ができた。他の店からはクレームが出る有様で、売れ残りの品物の処理で大わらわだったようであった。

テレビ局も、その行列のすさまじさを放映していたのが昨日のように思える。

その後、営業努力がむくわれ、四、五年で取引先を七百社ほどまで増やすことに成功した。

テレフォンカードをより高品質なものになるべく着手し、証券会社、金融関連社など、のきなみに回り始めた結果であった。

池袋にある東京事務所というのは、六ツ又交差点の騒がしい所であったので、高田馬場に引っ越した。そして、新宿の紀伊国屋書店にたびたび行っては本をむさぼる。そこで目に止まったのが「ギフトの展示会」のカタログであった。すぐさま私はそのイベントの主催社に連絡を取り付けた。

当時、一ブース（一間）が、七、八十万で、年二回サンシャイン・晴海展示会場・ビッグサイトなどで開催されたその時販売したのが、「ハローメイト」であった。それが今後の営業を左右することになるとは、まさに「ビシネスガイド」さまさまである。

その間、女性事務員にテレマーケティングをしてもらい、着実に得意先を増やしながら、私は一社一社テレフォンカードの見本帳を持って回った。もちろん私はその企業にとって利益をもたらすべく提案することを怠ったことは一度もない。

それは、それぞれの企業を業種別に分析すること、そしてテレフォンカードの使い途を懇切ていねいに説明することから始めたのである。昨今の生命保険会社や損保会社の提案書と似ている部分もある。つまり、年代別に分析して、ある程度の家計に見合った（予算と覚しき）金額を提示（見積書みたいなもの）して勧めるのである。もちろん似て非なるものかもしれないが、一つのヒントになればと思うのである。

各企業によってまちまちなので、ない知恵をふりしぼるのは大変だが、それが営業のだいご味ともいえるのではないだろうか。

営業の話といえば、かの有名な宮沢賢治にもサラリーマンの時代がある。この話はNH

Kの番組でみたことなのだが、私の場合とよく似ていると思うので（おこがましいが）記載しておきたい。

宮沢賢治は農学校の先生をしていたが、苦しい農家の実態も知らず、先生の資格はないと思い込み、辞めて農薬を売る会社に勤めた。その会社では炭酸石灰を販売することになる。そのとき賢治は三十四歳で。約二年半営業に携わる。

肥料用の石灰で岩手県の畑を改良したいと思った賢治は、自分が農家のためになることを目標に、砕石工程の知識もあってか、取引先の開拓に乗り出す。

最初は農家の人たちもだまされるんじゃないかと尻込みする。が賢治はへこたれず、農業関係者にダイレクトメールを送ったり、キャッチコピーを考えたり、県庁のお墨付きをもらうまで活動した。そうして一ヶ月ほど経ったころ、農家から相談が続々来るようになった。石灰がたくさん売れるものだから会社も社員も大喜びで、賢治を〝福の神〟とあげたてまつるありさまであった。

ところが、取引先の拡張のため秋田へ行くが、縄張り（当時のしきたりか）があって、失敗してしまう。それでも賢治はがまん、そして笑顔で会社を救うためほんそうする。

結果がすべてかもしれないが、賢治にとってそれは生き甲斐の何物にも代えられないことであった。

山あり、谷ありとはそのことをいうのだろうか。賢治は、最後（三十七歳で亡くなるが）まで責任を果たす。

その病床で書いた詩が「雨ニモマケズ」であることを思えば、頷けるし、みんなに愛される人間像であることは間違いない。私にとっても感動を呼びおこしてくれた番組であった（感謝）。

さて、営業の案件の中でも特に楽しかったのは、大学の事務局に行き、入学式や卒業式の記念テレフォンカードを提案したことである。

大学当局は販売経験もないので、私に任せてくれたのである。そのイベントの片隅で机と椅子を借り、学生や父兄に声をからして販売した。

ここにも私なりの企画提案が顔をもたげる。単純にテレフォンカードは消耗品（誰かからもらうもの）であって記念品になりうるのか？　への自問自答が繰り返される。

そこで、私は私に対し「我が子の晴れ舞台の記念やし、きっと親せきに配ったりするんやないか?」と。結果的にそれだけではなかったのである。記念カードを作られた父兄にとっても、大学当局にとっても、会社にとっても、それなりに満足のいく有益な構図となったのである。

用途の拡大で、ますます伸長を高めるプリペイドカードの代表格がテレフォンカードであった。しかも高付加価値のある製品として人気の高い品目ともなった。

テレフォンカードの売上が順調で、四年目には、受注獲得競争の中で僅か従業員が二十五名で、年商二十億円を突破し、一人当りの売上高も八千万ほどとなっていた。

関西地区におけるＮＴＴテレカ販売総数の上位五社にランキングされ、業界でも同地区のテレカ仕入数トップとなった。テレカ印刷の技術力を擁し、大手企業の受注を大量にこなした結果である。

大阪本社での受注は、だいたいのものが印刷できる総合型とすれば、東京営業所は、テレフォンカードの占める割合が九十％以上なので、そういう意味では単一型といえるのかもしれない。

安さで勝負しようとする大阪に比べ、「東京は儲かってまんなー」と思いたくもなる。

価格競争だけでは意味をなさない。いわゆる廉価だけでは仕事は取れないのである。一時マスコミでもにぎわした一円入札なんてとんでもないことなのである。当然のごとく裏工作があるのであろう。土台、誰でも簡単にできることなどに入札の必要性はないであろう。

案の定、同業他社に発注されていたものが、どこでどうなったのか、我が社に舞込んでくる（断っておくが私は人を蹴落としてまで、仕事で競争しようとは思っていない。ライバルはライバルとして認め合い、切磋琢磨して競争する。これが原理原則だと思っている）。

「だから言わんこっちゃない」

より高度な品質でなければならないのである。安かろう悪かろうで、おまけに納期を守らなかったらお手上げなのである。さらにお得意さまへ利益を還元すること、を念頭に置くべきであろう。私は、企業経営の課題は、収益率と労働の分配率だと思っている。

当時、我が社の従業員の給料は異常だと税務署から指摘を受けたことがある。

しかしである。会社としての人の使い方は、年収と思いやりではないだろうか。例えば、パートさん一人を募集するにしても、時間給を高目にしてあげることによって、高品質（?）な人を採用することができるのではないだろうか。

やがて、その品の良さもあってか応待もよろしく、会社の印象度もアップし、利益をもたらすものである。

社員に至っても然りである。同業他社の給金を知ってはいないが比較することはしない。まずもって会社の売上げに添って、社員一人一人の年収を決める。週休二日制の導入も鑑み、いくら払えるかにこだわることにしている。

社員が笑顔で毎日仕事をしてくれることが、今に日本一の印刷会社にしてみせるから「俺についてこんかー」という気持ちにさせてくれるものである。

デザインからフィニッシュワークまでをトータルにこなすデザインルーム

企画会議。営業、ディレクター、クリエイターのブレーンストーミング風景

営業展開（年商二十億円突破）

テレフォンカード

一般印刷

Ｔシャツ・トレーナー・ジャンパー etc.

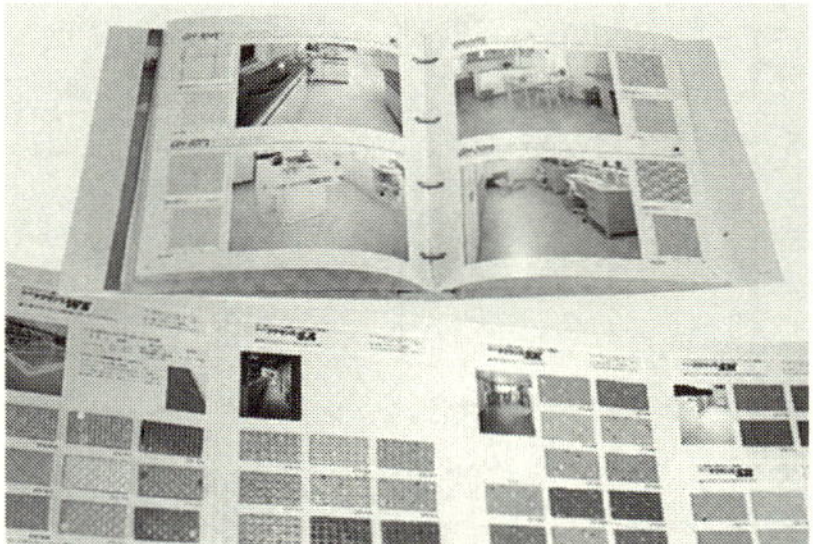

各種建築床材サンプル帳

営業というものは

好奇心をもって前に進む・・・

基本的には、自分の勤めている会社が、何を商売としているか、何によって成り立っているか、を知らなくては話にならない。なにせ、初めての仕事に向き合う人がほとんどなのだし、入社してから、どの部署に配属されるのかにもよるのである。

しかし、どこの会社においても営業が第一線というのは頷けるであろう。製造業であれ何の業種であれ売るのは営業であり、その営業努力いかんによっては、会社の利益還元を左右する（成り立つ）部署ともいえる。

かといって誰しもが営業向きかといえば、そうではないし、向き不向きで選べるものでもない。さてどうすればいいだろうと悩む人も多いのではないだろうか。しかも大会社では受付を通さなければならないし、最近は中小企業の事務所や個人の家でも「勧誘セールスお断り」の札が貼ってある。

尻込みするのも当然であろう。それでも断られるのを覚悟で行かねばならないのだ。客に断られてすごすご引き下がっていたら営業にならない。そこからが営業ではないか。

セールスの指南書には『セールスは客にノーと言われてから始まる』とか『営業は準備が九割』とか『営業は感情移入』などがある。私も同感である。他にも『トップ営業マンになる方法』、『売れる営業マンになりたかったら相手を知れ』などもあるので、ご参考までに。

このように「営業イコール会社の要」といっても過言ではない。そこで私が身をもって体験してきた営業の知恵を伝えたい。私が、自分に言い聞かせて実行してきた事柄を列記する。

まずは販売（訪問）先を絞ってからの基本パターンは次のとおりである。

一．販売（訪問）先へのコンタクトからの流れ

①思いたったら吉日（自分の仕事に自信をもってことに当る覚悟をもつこと）
②要件は結論から言え（電話などでも前置きは短く、だらだらしゃべらない）
③不可能はない、先走るな（こうなったらこうなると、端から決めつけてはならない）

二．販売（訪問）先が決まったら

①自分の名刺を確認しろ（名刺は顔、名刺入れには十枚ほどにして、予備をもち補充す

る)

②訪問先の場所をしっかり把握(前もって地図で調べ、会社名、担当者名、住所、電話番号は控えておく)

③深酒はするな(大事な商売の前日の酒はほどほどに)

④自社のパンフ、企画・提案書の準備(ある程度の資料は準備しておくこと)

⑤メモ帳を忘れるな(これが結構大事なのだ。ノートでもいい)

三.販売(訪問)先への当日

①時間を守れ(なるべく到着の十分前くらいには着くよう心掛けたい)

②あいさつの口上は第一印象を決める(あいさつはマナーの第一歩、明るくはっきりと)

③名刺は先に出す(相手が出す前に差し上げるのが礼儀)

④相手が座るまで座るな(席は相手が決めるもの、勧められてから座るようにしよう)

⑤物を売る前に自分を売れ(自然体で自分をさらけ出し、相手の心を引き出させると本

物）

⑥人の目を見ろ、キョロキョロするな（上目を見ず、口元あたりが妥当）

⑦人の話はよく聞け（聞き上手は話し上手とかいう、営業の決め手はこれかな）

⑧メモをとれ（聞き流したらもったいない。その場でも、後からでもいい）

⑨ピンチはチャンスと思え（断られてもあきらめるべからず、次につながるのだから）

⑩要件が終ったら帰る準備（「本日はお忙しいところありがとうございました」などと言い、サッと引き上げるのがコツ）

私はほぼこのように実践して楽しく営業してきた。

さらに自分自身で気を付けていることがある。順不同だが要点は次のとおり。

営業の心構えと重要なポイント

①失敗を恐れるな――間違ったら素直にあやまる。くよくよひきずらないようにする。これがこやしになる。

②人に好かれる人間になれ――逆の立場になって見るとよく分かる。

③多くの人に会え――できるだけ多くの人に接すると何かが生まれる。
④人一倍歩け、疲れたら休め――「百聞は一見に如かず」という。歩くことによって視野が広がる。ただし、休むことも大事（アイデアもここから生まれる）。
⑤納期は守れ――これは原則。特に印刷物の場合、お得意さんの仕事にも左右する。沽券や信用に関わる。
⑥先に人を儲けさせろ――「損して得とれ」ではないが、お客様のプラスになることを先にやると返ってくるものだ。
⑦初心忘れるな――「よし、やってやろうじゃないか」と思い立ったときの感動を忘れないこと。
⑧身だしなみはハデより丈夫さ――洋服は質素に靴ははきやすく丈夫なもの。――髪、フケ、汗などに気を配る。
⑨会ったその日か翌日には礼状を――礼状というのはその人の人柄を表すもの、感謝の気持ちを忘れずに（現代風にメールでも構わないと思うが、人による）。
⑩商売がまとまったら素直に喜べ――心底喜べば、アドレナリンが出る。ただし、だめ

なときこそ反省を)。

このように自ら好奇心をもって進むと前が見えてくる。そして「急いては事をし損じる」ごとく、決してあせらないことだ。明日やればいいことまで今日やることはない。できるだけ自分の体内時計と相談しながら事に当るようにしたいものだ。

■寸筆

――私が共感を覚えた人物伝（読書のすすめ）

私は本が好きで今でも一年に三十冊以上は、読むようにしている。特に人の生き方から学ぶことが多い。その中で、私に少なくとも影響を与えてくれたであろう人物を紹介したい。

決してこのような人物になろうと思ってのことではないので、念のため。

まずは、**大塩平八郎**（大塩中斉）。

この人は、江戸後期に大坂町奉行所の与力（役人）だったが、それを辞め、洗心洞という家塾を開いた。この人の良さは、天保の飢饉によって大変苦しんでいる農民たちを救うため、元役人だった特権で、町奉行所へ救済を求めたが受入れられないので、自分の蔵書などを売り払ったのである。いかに自分を捨て人助けをしたことか。感動を覚える。

残念ながら農民と一揆を起こし、幕政に敗れ自殺してしまう。四十四歳であった。その後の天保の改革に一矢を投じることにもなった。日本のお役人といわれる人たちに、この大塩さんの爪のあかでもせんじて飲んでもらいたいものである。

もっともお役人に頼らなければ会社が成り立たないわけではないが、資金難に陥ったときに助けるのは大事であろう。

あのトヨタ自動車があぶないとき助けたのも日本銀行の名古屋支店長だと話に聞く。話を戻すと、大塩平八郎の心いきが少なくとも私の心に響いたのはいうまでもない。

もう一人は、**吉田松陰**（通称　吉田寅次郎）である。この人もまた幕末に活躍された人である。長州の国（現在の山口県）、萩藩士とはいえ下級藩士の次男として生まれた。小さいときから無謀なことをやる人だったらしい。

江戸に出てきてから佐久間象山先生に洋学などを師事してから、めきめき頭をもたげた。そして、かの有名な黒船でペリーが来たときには、いてもたってもいられず、米国に亡命しようとペリーに請願したのであった。それは儚い露となるが。

その後幕府の重鎮暗殺を企てた罪で捕えられてしまい、萩で幽閉される。

ここで大事なことは、いかに勉強熱心であったかということと、自分に忠実に生きているからこそ、疑問に感じたことを体験してみる好奇心を持ち合わせていたことであろう。

その後、松下村塾なるものを開き、高杉晋作、伊藤博文、山県有朋ら多くの人材を育成している。安政の大獄でまた捕えられ、三十歳で処刑となってしまった。

とにかく維新の時代には、この若さで命を落とす人物が多い。反骨魂の私もどちらかといえば、その生き方に共鳴するところが大であると思う。

今や、坂本龍馬のことが多く伝えられているが、当然ながら生き字引きになっているわけでもなく、詳しく知らない人物像に思いを馳せるのもロマンなりや。

我が故郷そして脱皮

末っ子に特権あり…

「うさぎおいし……」の唱歌にもあるように、私の故郷の奈良県吉野郡吉野町丹治にも同じような風景がある。今となってはジョークだが、小さいころは「兎、美味《おい》し…」などと歌っていたのを思い出すと懐かしい。千本桜も見ものだしくず切りも美味しいところである。

ここで私の生い立ちの頃を述べておきたい。

私は八人兄弟（男が五人、女が三人）の末っ子で生まれた。両親は自転車業を営んでいた。兄弟が後を継ぐことになっていたので、私は自分で生きる道を探さねばならなかった。いやむしろそれが、私には良かったと思っている。自立が夢であったからである。

当時、八人の子供なぞ珍しくも何ともない。かといって大家族に違いはなく、決して気楽な生活とはいかない。どこも親は大変だったと思う。それでも私は末っ子の特権（？）か、母にはずいぶんと可愛がられたし、甘えられたものだ。両親と三人で大阪港に船を見に行った帰り〝どんぶり〟を食べたのが美味しかった。いつだったか、母に「お菓子を食べたい」と強請《ねだ》ったことがあった。買う余裕がないときに母は、近所の人がお地蔵さまにお供えしてくれた「みかん」や「リンゴ」などを下げて、私たちに与えてくれた。

筆者の生家

水分小学校卒業写真

リンゴの時は、いつも決まって一個を八等分するのだが、私のはみんなのより大き目に切ってくれた。それを見て、長兄はあきらめていたが、他の兄弟は不満をもらしていた。今更ながら申し訳なかったなぁと思う。ときにはケンカにも発展するのだから大変だ。その母も私が十歳（小学校四年）の時に乳がんでこの世を去ってしまった。

この辺から私の反骨精神が芽生えてきていたのかもしれない。

一方で、父親は厳格なガンコ者であったが、家業柄、近所での信望もよかったし、信仰にも厚かったのを憶えている。

父は十三歳のころ、村のお寺さん（住職）に、お盆の棚経《たなぎょう》参り（精霊棚の前でお坊さんがお経を読むこと）に連れられて以来、吉野の金峰山《きんぷせん》寺蔵王堂の役行者《えんのぎょうじゃ》よろしく数々の厳しい山岳修行を積んできていた。

金峰山というのは、吉野山の奥千本から南の方角へ続く連峰で、最高峰を金の御岳《みたけ》、山《さん》上《じょう》ヶ岳と呼んでいる。

その修行から帰ってくると、父は子供たちを呼び集め、山での不思議な体験を話してくれたものである。

それから間もなくして父は木製の地蔵尊像を彫り上げた。お粗末なノミしかなかったが、身の丈一・二メートルほどある。

忘れもしない、昭和十二年（一九三七）十二月二十四日のことである。この地蔵尊像の開眼供養法要が執り行なわれ、村中や近隣町村からも駆けつけてこられた。あとから聞いた話だが、七、八百人ほど訪れたという。現在でも我が家の家宝であり、永遠に拝み入ることになろう。

私も五歳ほどから兄弟揃って毎月二十四日には地蔵さまにお参りし、父の説教を聞かされてきた。大過なく生きてこられたのもそのお陰かと思う。

ところで偶然とはいえ、兄弟八人いる中で、私を含めて五人が二十四日生まれ（月は違えど）というのも不思議な巡り合いかと今更ながら「合縁奇縁」を感じる。

筆者の父（勇太郎）が彫り上げた仏像（家宝である）

さて、私の小さい頃の日課といえば水汲みであった。

「イサム、イサム、イサム…」

だいたい三回以上は、このように呼び捨てで、その後に「早くこんかい」と付け加えられる。そのときは決まって井戸の水汲みなのである。

それでも一度もイヤだと思ったことはない。

父や兄弟の喜ぶ顔が見たかったし、ほめられたかったし、何よりも家の一員として役に立つことが嬉しかったものである。

それから、もう一つ役に立ったと思えるのは、自転車のパンク修理であった。そんなに器用というわけではないが、慣れると面白く、それなりにこなすことができた。

結局、小学校五年くらいから、中学校を卒業するまでやった。

ある日、私が松の木の下で一円札を数えていたのを見ていた隣りのおばさんが言う。

「イサムちゃん、さっき金数えてたなー。しっかりもんやなー」

そんな言葉にも勇気をもらったものである。

中学校を卒業したての十五歳の春に私は大阪に行くことにした。前もって就職先が決まっているわけでもなく、あてはないのである。大阪といえども大都会。地図を広げながら職安（今でいうハローワーク）に通った。春も過ぎ夏も過ぎ、ようやく秋になってから、小さな印刷所に職を見つけることができた。最初の仕事は文選と、植字の見習いだった。活版印刷を知る人ならすぐ分かると思うが、文選とはひとつひとつの活字（それも反転文字）を拾い、原稿のサイズの型に収めるのである。むろん、手はインクの油で真っ黒になる。手のシワに入るとなかなかこれが落ちないのである。

私はそれを自分の勲章だと思って無心に働いた。働きながら、これからの時代は中卒だけでは時代遅れになる、進歩がないと思い、定時制の高校へ行かせてもらうことになった。勤めてから三年が経っていた。そして、もらった給料の中からコツコツ貯めたお金で小型ながら名刺印刷機を買った。学校から帰っては、その印刷機で名刺を刷った。ほんとうに寝る間も惜しむとはこのことかと思った。

高校を卒業して奈良県立短期大学（現在の奈良県立大学）の夜間部へと進む。と同時にお世話になった印刷所を辞め、いよいよ私の相棒（名刺印刷機）とともに独立することになった。

名刺印刷の下請け会社を創った。単純な仕事とはいえ私にとっては命そのもの。いつも「ガタンガタン」と印刷機の音を響かせていた。そのかたわら大学へ通うのだが、お陰で電車の音も気にならず、本をむさぼり読んだ。「はじめに」でも述べたように、仕事を終えてから往復三時間かかる近鉄電車の中での時間は教室そのものであった。

ところで、人というものは誰かがやって成功するとそれを真似るものだ。名刺印刷にもどしどし参入者が現れだした。

いつも順風満帆とはいかない

——不渡りの教訓

ピンチはチャンスや…

私は名刺印刷にそろそろ見切りをつけようと思っていた。いやそうではなくて以前働いていた会社のように、小さくても活版印刷を含め、より幅の広い仕事をこなせることに気付かされていた。案の定、印刷の種類の多さに驚きもし、ことごとく多種多様の印刷物に挑戦していった。

そんなときのことであった。定時制高校時代の友人の紹介で、ある塗装機器メーカーの仕事をすることになった。その会社は、社員が三百名ほどいて、友人はそこの総務課の主任だったことで、印刷物を私が受け持つことになった。

昭和三十四年（一九五九）から取引を開始し、月当りの売り上げは、約五十〜七十万円ほどであった。

ところが、やっと軌道に乗りかけていた矢先のことであった。

忘れもしない、昭和四十年（一九六五）の三月に二百万円の不渡り手形を食らってしまった。それが、お得意さんの中で一番の会社であっただけに、仕末も悪い。ショックも損失も大きい。印刷関係に限らないが手形決済のその恐さというか、危機感をいやというほど味わった。

しかし、この教訓が今に生きている。しばらくしたころ、二百万円の手形のうち、六十万円が返ってくることになった。私はすかさず考えた。

「この六十万円を元手に残りの百四十万円をとり戻してみせる」と。早速、六十万円を頭金にして、当時二百二十万円だった建売住宅を買うことにした。

その二百二十万円で買った家がのちにひょんなことから三百五十万円で売れることになるのだが、そのいきさつは、おばあちゃん（女房の母のことをそう呼んでいる）からの相談にさかのぼる。

昭和四十四年（一九六九）のことで、不渡りにあってから四年後のことであった。

おばあちゃんの息子（私にとっては義弟）が結婚することになったので、私に、

「イサムさん、息子に家を持たせなきゃならんから、どっか豊中のほうでいい家見つけてやって」

と頼まれ、私はすかさず、

「それはめでたいな、そんじゃ見つけてこよう」

25歳で買った家

と、言い、二日後には周旋屋に頼んで、駅から五分ほどの閑静な住宅地の建て売りを見つけてきた。十軒ほど見たが、瞬間的に「いい家」があったので、

「これいくら」

と聞いたところ、

「五百三十万円です」

と、言う。私はいいとこやし面白いなあと思いつつ、早速おばあちゃんに言ったところ、

「早かったね、よしよし見に行くわー」

と、おばあちゃんが言うので、建売住宅の営業マンに内金として五千円を渡して押さえてきた。そして、おばあちゃんと一緒に現場を見て私は言った。

「あの家どうや」

そしたらおばあちゃんは、

「イサムさん、こんないい家、もったいないなー」

一瞬考えていたところ、急におばあちゃんは、

「イサムさん、あんたが持っとるあの家を売ったたってや」

と言う。義母とはいえ身内同士の前代未聞のやりとりが始まろうとしている。

「売ってくれるか」

「なんぼで買うてくれる」

私は実際に六十万円を頭金にして買ったこと。まだ残りが百四十万円あることなどをおばあちゃんに話して、

「ほんなら三百五十万円でどうや」

と、言ったところ、これが成立することになった。ところがおばあちゃんは別な物件（もっと広いところ）を見つけてきて、

「この家七百万円と言われたけど、買うたらどうや」

またまた私の頭が回転し始めた。そしてその工務店に行って聞いてみることにした。

あくる日、その工務店での交渉時が私の大転機につながるのである。もちろん七百万円という大金はないのだから、私は工務店の社長にこう切り出した。

「おっちゃん、少しまけてくれへんか」

「いや、まけられへん」

「ほならやめとくわー」

そんなやりとりから一夜あけて、ローンを組むにしても、どのようにしたら買えるのか思案していたところ、池田銀行だったら借入れできるのではないかということになった。

結局、おばあちゃんが、会社の重役だったこともあり、保証してもらうことで、利息は厳しかったが、十年ローンを組むことになったのである。

とうとう契約を取り交わすことになって、その工務店に行ったところ、その社長の机の上にドッサリ印刷物が積まれてあったのが目についた。

それは建売住宅のチラシであった。そこで、

「実は私の会社は印刷屋なのでやらせてもらえないでしょうか」

と言ったところ快く発注してくれたのである。今回の物件で誠心誠意ぶつかったことが良い結果をもたらしたともいえるが、私にはおばあちゃんが女神に思えたものである。

いよいよチラシの出番となる。

枚方で五百戸の家を建てるとか、高槻でも七百戸くらいの住宅ができるとか、チラシの数は半端ではなかった。それまで一台の印刷機で賄ってきたが、仕事量に合わせチェコ製のオフセット印刷機二台を買い入れフル稼働させた。

昭和四十七年（一九七二）には、さらにスウェーデン製の高速印刷機を、昭和五十年（一九七五）には西ドイツ製の両面同時高速印刷機を購入した。当時この両面印刷機は日本

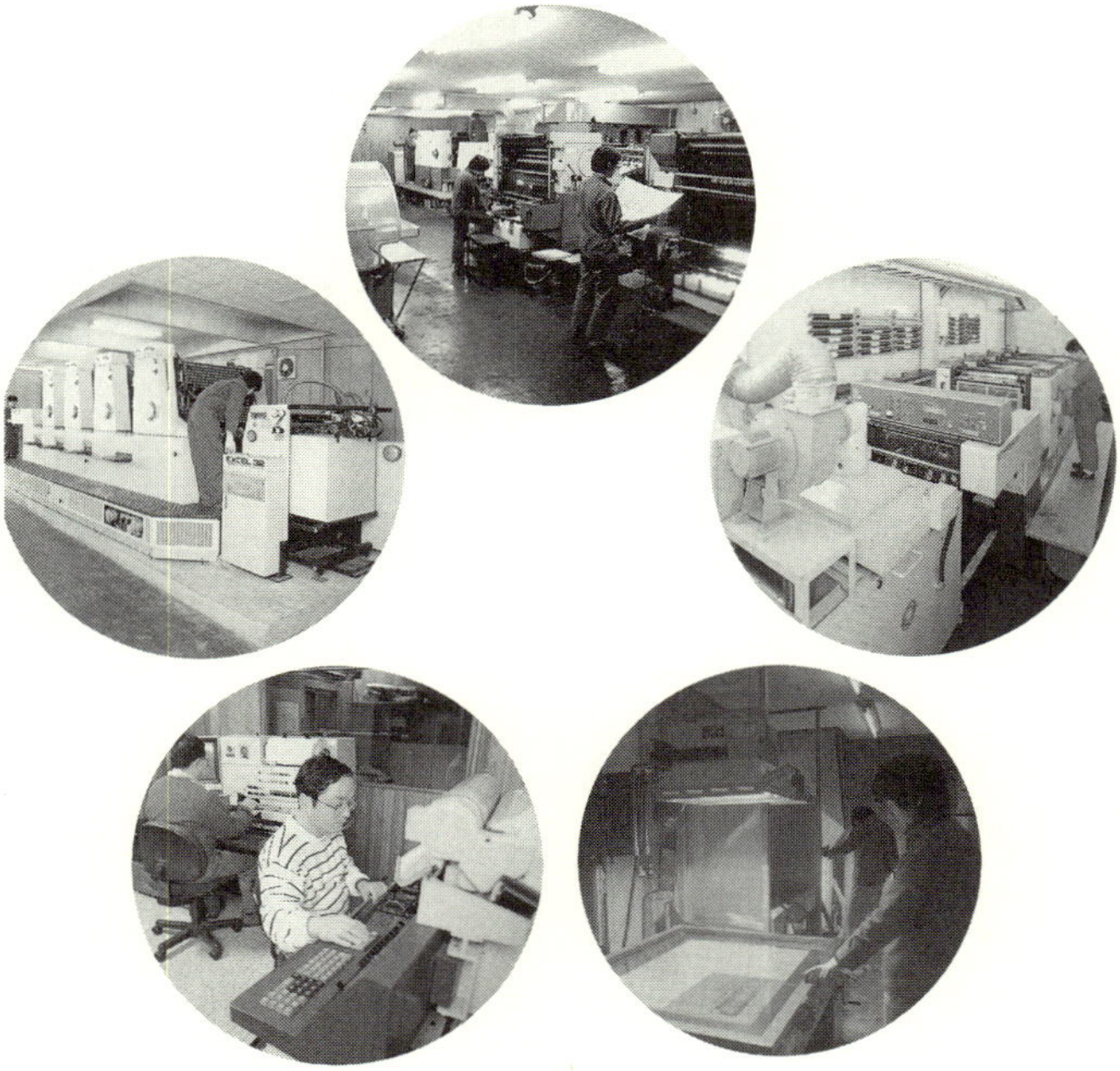

各種印刷機

でも珍しく数台しか導入されていない代物だった。この印刷機の導入によって、営業の幅が広がった。朝九時に受注しても、その日の午後六時には出来上がった。

大阪にある宅建会社その他、約二万社にダイレクトメールを送ると、またたく間に百五十社ものお得意さまが増えたのである。百貨店各社や電鉄、不動産、配送、大学とあらゆる方面のお得意さまが生まれた。これも逆境にめげず、物・事に立ち向かってきた賜物であろうと思う。

お陰で、昭和五十二年（一九七七）時の社員のボーナスを、三十四歳平均で年間百七十五万円支給することができた。周りの経営者から、

「おい、谷村はんとこはどないなっとるんや」

と言われもした。確かにどこもかしこも深刻な不況であったが、私はこう言ったものだ。

「今のような不況のときこそ知恵がもの言うんやないか。ピンチはチャンスや。こんな不況で萎縮してちゃだめやねん、従業員やその家族の幸せをどうするか、を考えにゃ」

続けて、

「じゃあ、不況やから従業員にも我慢せーと言えまっか、こんなときこそムダを省いて従業員と一緒に知恵を絞ることが先決やないか。これが経営者の責任と違いまっか」

こう言う私だって自信があるわけではないが、少なくとも言えるのは、目先（今日）のことだけを見ている経営者は失格であり、遠い先（明日）以降を見つめることを忘れないことが大切かと思う。

社員旅行は海外へ

まずはハワイ旅行から…

だいたい印刷所の仕事というものは、大型機械の導入はもちろん、それに対応する技術力がものをいう。昔の活版印刷、ガリ版印刷（謄写版）、オフセット印刷、タイプライター印刷などから、やがてパソコン時代の到来となり、ますます若手が活躍する場が数多くなりつつある。いわゆるコンピューターについていけるかどうかにかかってきている。が、私はアナログ人間なので、その辺は技術者の裁量に任せてある。私の役目といえば、金策はもちろんだが、社員が喜んで働ける職場環境作りを大切にしている。自らトイレ掃除や周りのゴミ対策も兼ねている。

そのゴミ対策によってまた新たにアイデアが浮かんできたのである。それは用紙であった。新聞の縁も二センチくらいはあるし、何でこんなに広くとらなきゃならないのだろうと疑問に思っていたのである。当時の紙にかかる経費は、年間七千万円ほどになっていた。ふつうチラシにはタテとヨコのそれぞれ縁に一センチずつの白い部分がある。この縁を五ミリずつ縮めても広告に支障はないことに気づき、独自でサイズを決め特別に注文することにした。

思ったとおり、約十％の節約となった。

それにも増して、印刷の機械も休む暇がないほど受注があった。

建売住宅などのチラシが主で、それまでの片面印刷を両面印刷に出来ないものかと考えたのもこの時期であった。私は社員に「来年の八月に、全員をハワイ旅行に連れて行きます」と言った。社員は半ばあきれ顔でほとんど信じてはいなかった、が私には公算があった。先ほどの五ミリの節約がものを言う。その節約によって一人当り三十万円の旅行費用が浮く勘定になった。

昭和五十一年（一九七六）十月に晴れてハワイ旅行と相成ったのは言うまでもない。これも私がやってのけたことではなく、従業員が私にそうさせてくれたのだと思っている。その後の社員旅行は香港、ソウル、ハワイ、オーストラリアと続けることができた。旅費はもちろん、小遣いも付けた。従業員同士のコミュニケーションを図ることが目的なのだ。

そのためには旅行だけではなく、日頃から図らねばならないと思い、従業員保養所として、伊豆高原一碧湖に三百坪の保養所を借りることにした。

ハワイ・マウイへの社員研修旅行

オーストラリアへの社員研修旅行

おいしい空気、うまい料理、そして休養をとることによってひとりひとりの士気も高まる。そしてこれを取引先にも利用してもらうことにしたので、相互の交流や鋭気を養うことができるようになった。今では心から話し合いのできる業界のサロン的役割を担う保養所として大変喜ばれている。

ここで私が好きな手料理をもてなすこともある。これを機にまた何か貢献できるような新しい企画を考えるのも楽しいものである。アイデアマンとしての真骨頂（？）が問われるかもしれないが。

最近では、社員旅行すら自粛している会社が多いと聞く。

その会社が儲かっていないからということではなく、若手の社員が上司や先輩たちと一緒に行動したくないという現象らしいから驚く。同じ会社の人間同士がいがみあっているのをみるのはしのびない。

我が社の規模だからというわけではないが、社員旅行は良いものである。ふだんのコミユニケーションを図ると同時に、ひとりひとりの個性も見られる。それが次の仕事に結びつけば、さらに結構ということになる。

赤穂保養所

伊豆保養所でバーベキュー

勉強は永遠に

何事も基礎から学ぶ…

私にとってこれが永遠のテーマだと思っている。

私は五十四歳を過ぎてから早稲田大学のシステム科学研究所に入学した。二十二歳で独立してからというもの働きづくめの毎日であり、経営者としてはまだまだ未完（これで完成ということはないが）なので、経営の基礎から学ぶことにしたまでである。

やはり、物事（万事といっても過言ではない）のノウハウは基礎から学ばなければ、あとでつまずく結果となりやすい。アマとプロの差といってもいいだろう。それも、できるだけ若い（頭も体力も）ほうが、柔軟性もあって飲み込みも早いものだが、しかしである。高等動物たる〝考える〟人間として生を受けた以上、年を取ってもまだまだやり足らないことが多いのではないだろうか。

私は、ハワイ旅行の後、英会話の勉強を家族四人で始めた。旅行といえど、現地の人たちと会話をしたいことと、もっと見聞を広めようという気になったからだが、これは今でも役立つことが多い。

例えば、外国人から道を聞かれた場合でも、また電車の中で質問されたときでも、片コトながら説明できる。石にならなくて済むのだ。しかも、私はときどき思うことがある。

それは、外国人がなぜ日本語をあんなに早く話すことができるのだろうか、と。法律家、タレント、スポーツ選手などマスコミに顔を出している人たちが、流ちょうに日本語を話すのを見るとそう思いたくもなる。が、それは、たぶん日本人みたいに「物おじしない」性格からきているのではないかと思うのだ。その国の習慣、つまりイエスかノーか、あいまいさがないのではないだろうか。多少の間違いなら気にせず、覚えた言葉を口に出す。これが会話の基本だと思うのである。

また、会話の勉強だけに限らずあらゆることに通ずるのは、その目標のための基礎勉強を怠らないことであろう。仕事においても、人に聞かれた時、説明する時に肝心な事を言えないようでは本物にはなれない。勉強するクセをつける。そして継続することである。

勉強といえば学校、学校といえば通称・二宮金次郎を思い出さずにはいられない人も多いであろう。

昔は必ずといっていいほど学校の内外で金次郎（二宮尊徳）が柴を背にしょって、本を読んでいる姿の銅像にお目にかかったものだ。

少し説明すると、二宮金次郎は、天明七年（一七八七）に足柄上郡栢山《かやま》村（現在の小田原市栢山）に農家の長男として生まれた。

十四歳で父を、十六歳で母を亡くし、親戚に預けられた。

やがて小田原藩の武家に奉公した折、その藩の財政の立て直しをしたことが認められ、栃木方面の農政再興に寄与することとなる。

彼の伝記を読むと次のようなことが挙げられる。

○小さい頃、草鞋《わらじ》を編むことで生計を助け、父のお酒も買った。

○寝る間も惜しむほど本を読んだ。

○荒地を耕し、お米を作った。

○非常に倹約家だった。

○早起きだった。

○時に断食の修業を試みた。

○人の模範となった。

などが読み取れる。このことは後の宮沢賢治に受け継がれているような気がする。日本の教育の原型ともいえるし、象徴ともいえる。

「一隅を照らす」という言葉があるが、これは自分の置かれている立場において精一杯努力して光り輝くことであり、周りの人たちをも明るく照らすことを意味する。

二宮金次郎のような先達から教えられることが多いものだ。

「勉強は永遠に」なのである。

■寸筆
――ピンクのリボン

いわずもがな、人間誰しも仕事が大切ではある。が、遊びも大切である。むしろ遊びから学ぶことも多いものだ。

ごたぶんにもれず私も一時はゴルフに通った時期があった。ゴルフは良くいえば紳士のスポーツといわれるだけあって、ゴルフに臨むときの服装や姿勢、態度はもちろん、ルールやマナーなどえりを正すことを教えられる。

しかし、悪くいえば自己申告なので自己中心的になりがちでもある。男子ゴルフ界の話題の中心人物といえば、石川遼選手だが、この人の魅力は何といっても謙虚さにあると思う。小さいときから培ってきたものであろう。人に感謝する気持ちを忘れない。年齢とは関係なしに、誰しもがこのような気持ちで事に当たるべきであろう。

さて、二〇一〇年のマスターズが四月に行なわれた。日本からも池田勇太、石川遼、片山晋吾選手などが出場した。話題となったタイガー・ウッズ選手（結果的に四位）も出場した。何と言っても優勝した米国のフィル・ミケルソン選手のことを書かずにはいられない。

彼こそオーバー・アクションをしない冷静沈着なマナーを心得た選手であると思う。マスターズ優勝（三度目）を四年ぶりに成し遂げたが、彼の帽子にはピンクのリボンの刺しゅうが付けられていた。これは乳がんを早期発見する運動のシンボルらしいのだが、彼のお母さんと奥さんが乳がんにかかっていると聞く。昨年の七月には闘病に付き添うため、全英オープンの大会を辞退するほどだった。一年ほどブランクがあるにもかかわらず、困難と立ち向かった彼の精神力には頭が下がる。我慢強さなら日本人も負けてはいないだろう。目標をもって生きることだ。

〝なにくそ精神〟の山川式経営戦略

人が山に行くなら私は川へ…

私の言う「山川式経営戦略」というのは、何も山川さんという人の姓からではない。「人が山に行くなら私は川へ、人が川に行くなら私は山へ」的な単なる天の邪鬼ではなく、一般的に人が考えること、成すことの逆を意味する。例えていうなら、人のやらないことに挑戦をする。だいたいにしてイエスマンというのは、自分の意見をもたないものだと思うし、考える気力に欠けているのであろう。

私はそのような人の多いときこそ、チャンスだと思うようにしている。それでなければ、この会社も社屋も従業員もないのである。そして「テレフォンカード」にもめぐり合わないのである。

昭和五十三年（一九七八）度に私の決めた標語、経営戦略目標として社長室に掲げていた五ヶ条は次ページのとおりである。

(一) 経営に後手の名手はない。常に先手先手と打っていくことが経営の必勝法である。

(二) 経営者は考えことが仕事である。それも深く考えることである。

(三) 企業はどうしても勝たねばならぬ。同業者に、そして先進国の同業者に。

(四) 企業経営は利益の追求である。利益は企業繁栄のエネルギーである。

(五) 人・物・金ないないずくしの小企業が大きく伸びる秘密は、利益率と回転率にある。

なぜこのような（標語）を掲げるかというと、常に先手を打つことこそが経営の必勝法といえるのであり、何事も経営が悪化してからでは遅いのである。囲碁・将棋ではないが「次の一手」の発想が大切となる。

それぞれ業界によって違いはあろうが、具体的に我が社の「先手必勝法」といえば、企画物にある。昭和五十八年（一九八三）から始めた「名刺とポケットメモ」をドッキングした印刷物の企画がキバク剤となり、次に、それを小型化した「メモとチラシ」をドッキング」、今度はそれに「ポケットメモとビニールのカバー」を付け、さらにテレフォンカードを付けたのである。この企画物が反響を呼び起こしてくれた。

しかし、その企画物がただ単に当ったわけではない。これも、人に頼らない営業努力の結晶かと思っている。

物を売るためには人一倍歩き回らなければならないが、ここでも業種を絞ることを忘れてはならない。絵に描いたモチにならないよう工夫することが大切である。その上で、これくらいでめげてはならない、〝なにくそ〟の精神をもつことである。

奏を功するのは回り回ったその後で、培ったノウハウと人脈が財産となる。この人脈の作り方には二つの方法がある。

まずは先ほど述べたとおり、足で営業回りをしたときの人脈であり、もう一つは、講演会や異業種交流などでの人脈である。私は時間があれば（いや、どうしても聴きたい場合は時間をさいても、ときには遠くても）講演などを聴きに行くことにしている。そこで質問したり、意見交換することでその講師や周りの人とも親しくしていただけるのだ。

ここでの教訓は一流の講師との出会いによって、貴重な情報源と「本物の出会い」が生まれるのであり、これが、何にも代えがたい絆を育むことだと信じて疑わない。

出会いに感謝

本物の出会いが人生を決める…

「本物の出会い」に欠かせない人物をご紹介したい。三十周年の新社屋竣工披露式でご挨拶を賜った方々で、的を射た言葉を贈っていただいたので記載させていただく。

最初にご挨拶いただいたのは小森コーポレーションの小森善磨さん（当時、取締役副会長）である。

小森さんは、

「谷村さんはテレカという新しい分野を開拓し業績を伸ばされたこと、単に頼まれた注文品を印刷するだけでなく、いつもユーザーの立ち場に立って、使い方などの提案をしてくれる。一方で内にあっては人の使い方にも気を配られ〝企業は人なり〟ということをあらためて実感した。

—中略—

私どもも繁栄の一翼を担わせていただいていることを誇りに思っています」

と称賛をいただいた。

続いて、ＮＴＴ新町支社の小川支社長（当時）は、
「谷村さんとはテレカに着手してからの付き合いでもう六年になります。このブームの到来を逸早くキャッチされ新しい技術を開発された。当社のセミナー（本書にて感想を後述）で東京での活躍ぶりを語っていただいた「私の山川式単身赴任営業」は大変興味深く拝聴させていただいた。

—中略—

ＮＴＴ大阪圏のなかで、平成二年度テレカ販売額ナンバーワンを記録できたのも、谷村さんの経営理念のもとに従業員の方々が事業に取り組んでこられたお陰でありましょう」
とのお言葉をちょうだいいした。

そして、いつもお世話いただいている当社の顧問税理士・妹尾所長からは、
「昭和五十六年（一九八一）からのお付き合いでかれこれ十年になります。当時の会社の現状は〝低空飛行〟で将来の展望もはかばかしくなく、いわゆる「全部あきまへん」でした。そんなときでも谷村社長は果敢にテレフォンカードの印刷の話を相談にこられまし

た。すかさず私は賛同したのですが、これは現状を打開する最善策でした。テレカは印刷に根を張った新事業だからです。

―中略―

起死回生の大ヒットもさることながら、その利益も倍々ゲームでした。やがて高額所得者名簿にも名を連ねるようになり、今回の新社屋も地に根を張った設備投資でありましょう。今後も国益のために頑張ってほしい」

と挨拶された。

乾杯の前には、お得意先を代表して紙問屋の元社長の宗次さんからも祝辞をいただいた。宗次さんとは、昭和四十七年（一九七二）のオイルショックがあった当時に紙の営業に来られ、よく二人で話し合ったものだった。

「私は以前に谷村高速さんが社屋を建てられたとき、十年後、二十年後には必ず発展されているでしょう、と祝辞を贈ったが、本当にこんな素晴らしい社屋を建てられ、華々しい発展に心から喜んでいます。

子供のころに父から、事業に成功する要因は、「運・ドン・根（こん）」と聞かされてきたが、谷村さんはピッタリで何一つ欠けていない。運は立派な社員を有していること、ドンは頭（とう）あたまに通じ、根は努力である。

―中略―

何でもピチピチしているのは二、三年で、だんだんとイキが悪くなるが、谷村さんは若さをキープしておられる。永遠のフレッシュマンであるとともに、一人で東京で活躍できるのは、奥さんが留守をしっかり守っておられるからでしょう」

と。このように身に余るご祝辞をちょうだいした。確かに「内助の功」には頭が下がる思いだ。

その当時、産業界が「ハードからソフトの時代」といわれだしていた。

私は「印刷も企画力が勝負の時代」とにらんで、さまざまな企画製品を作っては自らの力を試すべく〝営業行脚〟を繰り広げた。

その甲斐あり、次のビジネスにつながるノウハウと人脈を得たのが、私にとって大きな財産となる。

社員はいうまでもなく、対外的にもこのような方たちとの出会いが最大の武器となった。いろんな課題にもチャレンジしていくことで、新たな人にもめぐり会え、自分の発想を変えてみることを実感することができるのである。

祝辞とはいえ、この言葉を励みに更なる航海へと船出することになる。ほんまに出会いに感謝である。

本社ビル竣工記念スナップ（平成3年）

本社ビル竣工記念スナップ（平成3年）

本社ビル竣工記念スナップ（平成3年）

本社ビル竣工記念スナップ（平成3年）

本社ビル竣工記念スナップ（平成3年）

本社ビル竣工記念スナップ（平成3年）

本社ビル竣工記念スナップ（平成3年）

■寸筆

――元気な同い年

私と同い年に財津一郎さんがいる。

財津一郎さんは熊本の出身で、かの榎本健一映画演劇研究所（エノケン学校）や帝劇ミュージカルの研究生であった。その後、吉本新喜劇の俳優となる。その昔、舞台のちゃんばらシーンで、刀が折れた。いわゆる「せっぱつまった」時に発したのが「キビシーイ」とか「たすけてちょうだい」だったとのこと。それからのちに大爆笑を生んだ。財津さんの奥さんは彼が売れる前から不満をもらしたことは一度もなかったという。

今では、その奥さんとのゴルフが楽しみの一つであるという。彼の口ぐせ「踏まれる麦ほど強くなる。ネアカになれ」そして「つらい時ほど明るくなれ」は、心に響く言葉である。

ところで、同い年の芸能人が組織している昭和九年会というのがあるが、「昭和九年」が犬年であることからチャリティなどがある時、盲導犬協会に寄付しているそうだ。

この会には財津さんの他、愛川欽也、大橋巨泉、坂上二郎、橘家円蔵、玉置宏、長門裕之、藤村俊二、前田憲男、牧伸二、松平直樹、睦五郎、森岡賢一郎、森山周一郎、山本文郎さんたちがいる。

もし、テレビなどで見かけたら犬年だと思えばいい。

まだまだ元気に活躍されて長生きしていただければ嬉しい限りだ。

業界初の完全週五日制を確立

休日は明日への鋭気を養う…

「勤勉」という言葉を聞いて今の若い人はどう感じるのであろうか。死語になりつつあるのだろうか。私はそうは思わない、思いたくない。少なくとも日本人のＤＮＡは勤勉そのものではないだろうか。

この不況のご時世においても、日本の技術力は世界に誇れるものだ。しかし、勤勉ゆえか、日本人は働き過ぎるとよく言われてもいる。世界の意識調査などでも折々でてくる。私なりの勤勉の解釈は「生き甲斐」そのものだと思うのである。勉強、趣味、スポーツ、仕事、生活、どれをとっても相通ずるものだ。

そこで私は当時画期的といわれたが、「週五日制」を実施することにした。ちょうど創立十五周年に当り、新社屋竣工記念に合わせた恰好となった。それが昭和四十七年（一九七二）のことで反響を呼び、業界紙にも載るほどであった。

一日は社員の教養を高めるため、もう一日は休養をとるためと分けたが、私としては従業員にもっと「生き甲斐」のある生活をしてもらいたいと思ったからなのだ。夜学や専門学校にも通えるし、研修会などにも参加できるので、その効果が現れてくる。就労時間を短縮すれば週二日を休みにすることなど可能であり、余暇を有効に活用もできる。

ぶらり旅もよし、温泉につかるもよし、家族でレクリエーションするもよし、本を読むもよし、好きな趣味・スポーツをするもよしである。明日への鋭気を養うために活用する時間にすればいいのだ。

そのぐらいやらないと仕事にも活かせないし、いいアイデアなんて浮かんでもこないと思うのは私だけだろうか。ついでに言うならば、長い会議など問題外で、毎日のホウレンソウ（報告・連絡・相談）をきちんとしていれば、事は足りるのである。

創立15周年　新社屋竣工記念（昭和47年）

ちなみに一般的に報告は上司に対して、連絡は同僚に対して、相談は部下に対してなのだが、悪いとき、失敗したときなどは早目にすることが大切だ。そして話すコツは結論から言うこと、つまらない理由や経過などは、あと回しにすべきであろう。

この週五日制によって社員の採用にも影響があった。十人の募集に際して五十人ほどの応募者があった。

私とすれば〝やる気〟のある人材を選べるというものだ。社員は私にとっては宝（昔なら金の卵かな）なのである。

その年に私は社員の持ち家制も導入した。社員の福利厚生を充実させる上でも欠かせないものと思っていたのだが、見事、それに社員が応えてくれた。昭和四十九年（一九七四）からは月一回週休三日制も実施することにした。

現在では、当り前になっている週休二日だが、社員がどのように過ごされているかアンケートしてみたらいかがであろう。

ある食品メーカーの調査によると、年代別で違いはあるものの、およそ一日は休養に、もう一日は趣味に活用しているとのこと。

食品会社の中には、月に一度、自分で発案した製品を発表する場（試食会）をもうけるようにして、次なる製品化に向けて全社員が考えるという興味深い話も聞く。

そうなると、休養日であっても〝会社のためになること〟を考える一つの要素となるに違いない。その会社にとってもありがたいことであろう。

知る人ぞ知る大阪商人魂

独創的な人間性を見直す…

高速回転する頭脳と行動力

大阪商人という言葉が生まれたのはいつごろであろうか。この大都会（大阪）で、多くの青年が志を立てながら働き、勉強をし、挫折し、這い上がり、飛び立って行ったであろうことを今でも思う。

若いうち、情熱があるうちにひたむきに努力して信用を得、いわゆる〝商人〟になって行くのだ。

私もそのうちの一人だが、知る人ぞ知る人間であり、この歳ながらまだまだ志も半ばと言いたいし、やらなければならないことがあるような気がしてならない。

印刷業界に携わって半世紀以上も経つというのに、これでいいということがない。また、この印刷業界ほど変化に富んだ業種も少ないのではないだろうか。今年はipadなるものも米国から上陸し、何やら様相を呈しそうである。技術革新の波はいつの時代にも押し寄せるものだ。製造業者というものは、時代の趨勢によって変態を遂げざるを得ないのだし、言葉だけではなく、業態の変化に対応するように心掛けておかねばならない。〝山川式〟なる心で昭和四十八（一九七三）年ごろに、私が業者仲間にアッと言わせたことがある。

当時の「月刊ペン」という雑誌に取り上げられた。それは、「印刷業界は大変遅れています。したがって印刷に携わる人口は確実に減っているのです。これを誰かが食い止めなければいけません。そればかりか他の企業から喜んでこの業界に来てもらうべきなのです。そのためには魅力のある会社にしなければなりません。週五日制に踏み切ったのも、まさにそのためです。

二日は明日のために勉強すれば、すばらしい意味をもつし、いずれ週四日制が実現するでしょう」と。まさに当時としては画期的な出来事であったろう。心底、この業界に命を懸けてきた証しが、そうさせたのかもしれない。

それから、もうひとつ私に植えつけられた大阪商人のＤＮＡがある。それは、およそ三十年前の話だが、みんながテレビを買っている時分に、仏壇を買ったことである。

私は、熱烈なる宗教の信者というわけではないが、先祖を大事にすることは今でも私の精神的な支柱となっている。まだ若かったので、意外とクラシックと思われもしたが、そうではない。祖先を大切にし、敬うことは今生きている己につながるものだ。そこはかとない深さと豊かさを感じることにもなると確信したものだ。

大阪商人魂

ねばっこいイメージが大阪商人と思われがちだが、私はそうは思わない。むしろ独創的な人間性をもっていると解釈してもらいたいものだ。新規事業なるものが、割と関西始発が多いのも頷けるであろう。例えば小さい企業体制の会社であっても、次なる魂が宿っているのだ。テレビを見て、ただ転がっているわけではない。常に社員全員が明日の企業、明日の生活のために勉強しているのである。

そこに一つのブームが訪れたとしても、そのブームがいつまで続くか分からないのである。そうした場合に、また新たなブームが来るまで待つと考えるであろうか。何事も未練があれば次の仕事への一歩が踏み出せないし、昔の栄華を語ってばかりいると足下をすくわれる。

そんなときこそ古い頭を捨て、新しい頭に置き替えるのだ。心を浄化し、澄んだ気持ちに切り替え、新たに挑戦する。これが大阪商人魂なのである。

長者番付のはなし

高額納税は社会貢献の一端…

「勝ち組み」「負け組み」と言う言葉が往来しているようだが、私はあまり好まない。好まないどころか人生に勝ち負けがあるとすれば、勝つと負けるのとでは大違いの勝負の世界だけということになるだろう。

勝負の世界の人たちだって、そのときの勝負だけにこだわって生きていくなど考えられないであろう。当然、次の勝負に出かけなければならないのだから。そんな暇はない。

さて、本書のタイトルを見る限りにおいては、誤解する人が多いと思われるが、敢えて長者番付のことを述べる。そして読後にその誤解が解けることを期待する。

「長者番付」の正式名称（?）は「高額所得者番付」または「高額納税者一覧」などといわれるが、要は正しく所得申告し、それに対して納税額の高い順から発表されるものである。

昭和四十八年（一九七三）～四十九年頃は、印刷業界も不況業種に指定され、大変厳しい現実に立たされているころのことである。そんなときからかもしれないが、我が社程度の売上でも番付に載ることになった。私自身の個人所得も上ることとなり、創業以来初めて高額所得者の仲間入りを果たした。もちろん従業員の給料・賞与も平均を上回ることができたのである。

我が社は、小さいからこそできる、家庭的な明るい雰囲気に加え、三食とも同じ釜の飯を食ってきた人間関係の「和」をもって仕事をしていることが土台となっている。独身者でも持家制度を行なっており、よほどでない限り辞めた人も少ない。これは理想ではなく現実なのである。

経営者がそのように目指せば実現できるのである、と私は思う。以来四回ほどは高額納税しているが、これも社会貢献の一端であろうか。

そこで我が社の効率経営（ある程度は成功したともいえる）の要因は次のようなことであるので参考にしていただければと思う。

①機械化と一人当りの生産性を重視。

ある大手の会社が、何億もする機械を導入したが、それに見合った仕事がなく、効率も生産性も悪い状態が続いたという話を聞いた。赤字でもやれる会社とはそういうものだろうか。⑥を見てほしい。

②我が社の従業員は万能選手

小さいからこそできるのかもしれない。従業員全員が機械の作動、製版、断裁、配達など、どんな仕事でもこなしてきている。手が空いた人は忙しいところへ支援に行くことができるので、仕事の流れがスムーズに運ぶという利点がある。

③特化した印刷の道を歩む

名刺↓活版時代は、印刷物なら何でもかんでも選ばず引き受けていた。それも時代の趨勢か。しかし、よく考えてみると能率も悪く、効率面からみてもいかにムダが多いことに気が付いた。そこでチラシの一本化を目指すことにしたのだが、チラシにも種類がある中で最も得意な「住宅関連」に絞ることにした。

結果的にそれで成功したわけだが、そこでも一つのアイデアが光る。例えば、一枚の原稿をいただくとしても、それからレイアウトをしていたのでは、ロスがある。そのため、予め千種類以上のサンプルを用意して、それに応じたデザインを作ることにしたのである。

いかに「用意周到」「臨機応変」が大事であることか。によってお得意さんにもメリットがあり、大変喜んでいただけるのである。

④**紙は神なり。コストダウン計画の実施**

一般の規格サイズの紙ではムダとなる。紙の価格は重量で決まることから、我が社独自のサイズ（少し小さ目）で、大量仕入れをすることによって、お得意さまにもコストダウンした価格で提供できる。営業も販売面で有利に展開できることこの上ない。

⑤**同業者の問題点を追求**

印刷物での問題点の多くは納期にある、そこで③でも述べた「用意周到」とスピードアップにある。そこで、

○特急の場合：版下（印刷するものとなる板状のもの）から印刷まで五万枚位のチラシなら約三〜四時間で、仕上がる。

○その当日に入用の場合：午前九時受付で、午後六時頃には印刷が仕上がる。

○受注後二日間で、Ｂ四チラシ百万枚の印刷が可能。

といったキャッチフレーズのもと、得意先を固定化した。

⑥機械的能力の無さが盲点

大手企業との格差を徹底的に追求すると、中小企業はいかに小回りが効くかということにぶち当る。

そこで我が社では、大手印刷業が作業工程の融通性を欠いている部分と、中小印刷業が機械的に能力不足な部分を補うべく、その中間的役割を担うことにした。それは中古機の導入であった。日本に数台しかないという代物であっても需要がなければ用をなさない。それどころか高額な投資など「もったいない」の一言である。

新しい機械でも中古でもうまく使えば問題外であり、むしろ修繕費がかかったとしても中古の場合の減価償却は短かくてすむのである。

割と外国製は耐久力にも富み、パーツさえ替えれば機能も十分こなせる、おまけに、コストも印刷時間も短縮できた。

⑦物を売る前に知恵を売る

基本的に営業マン（当時は私一人なので）の経費は少ないが、それでも最大の売上効率を図ることができる。

それは、得意先から新しい得意先を紹介してもらうことである。信頼のおける仕事をすれば、引き合いがあるものだ。特に気をつけるべき三要素とは、

○人間性の売り込み
○会社の売り込み
○商品の売り込み

の順番が、私の今までの経験から言えることでもある。ためしてみて損はないであろう。

そこで大事なのは日頃の行ないから始まる。毎日見ている新聞や雑誌から〝役立つ〟情

報を切り抜いたり、メモをとったり、研究会やセミナーなどでの話がお得意さんにとってプラスになるようなことだった場合は知らせてあげたりする。これが人間性を高めることにもつながる。

私はそのことをごく普通に当り前のこととして新規取引先の人とでも話すことにしている。そのお陰もあってか、商談もまとまるし、固定化率も八十％を超えたのである。それからが会社の売り込みとなる。チラシやＤＭ作戦を展開したり、広告によっても相乗効果をもたらし、結果として売上成績も上がるというものである。

⑧輸送コスト削減は新聞販売店を活用

チラシという商品は、ほとんどが新聞販売店に納品するわけだから、見本以外の完成品は直接その新聞店が引き取り配達するシステムにした（義弟に折込事業部を独立させたことにもつながってはいるが）。

いわゆる配達業務にかかるコストには、どこの会社も頭を悩ましているとは思うが、考えるべきときにきていると思われる。

⑨自動車外交から電車外交へ

得意先回りや営業では自動車を使っていたが、コストや効率の面から電車に切り換える。くどいようだが、物を運ぶ以外に、この大都会で車は必要ないとさえ思える。私の場合、あのオイルショック以来だが、CO_2の問題もあり、自ら改善しなければならないときでもあった。

やはり車では知り得ない街並みや風情で癒やされることも多いし、足腰も丈夫になった。健康もさることながら、ある程度正確な時間も計れ、お得意先に迷惑を掛けないことが何よりなのである。

混んでいる時間帯は別だが、電車の中では本も読めるし考えごともできる。長い道程なら、それこそ「勿怪の幸い」とばかりに大いに活用すべきであろう。

⑩専業だからこそできる週休二日制

我が社の得意とするチラシ印刷は、毎週土、日曜日の折込みが主なので、仕上げは、木か金曜日となる。ちょうど土、日曜日は手隙なので週休二日制の導入にも踏み込めたともいえる（ただし、全く仕事がないわけでもないので交替制にはしたが）。今でこそ週休二日制は当り前になったが、その時間を有効に使うかどうかがその会社の鍵となることは言うまでもない。

学校教育においては、〝ゆとり教育〟だった筈が、〝学力低下〟につながると言って、また元に戻そうとする嫌いがあるそうだ。しかし、そうとばかりではあるまい。それも他国との比較で物事を判断しているに他ならない。私は、詰め込み主義の勉強であってはならないと思っている。やはり今のご時世を見ても分かるように道徳の無さが災いしている面が多々あるのではなかろうか。

例えばスポーツの場合でも、特に重要視されるのは、「挨拶から始まり挨拶で終わる」の基本や、そこでの「ルール」である筈。

知育・徳育・体育の三拍子が揃わないことには人間として社会人として全うでき得ないと思うのだが、明日への活力を養う「週休二日制」を「週休三日制」にすることもやぶさかではない。

⑪保養所の活用が利益還元のひとつの方策

某社では社員の保養所とか言って、個人の所有物みたいにしていたところもあったようだが、これは「以ての外」という以外にない。社長が本物でない者に誰も付いてはこないのだ。私の考える保養所計画の始まりは、日頃お世話になっている得意先や仕入先への還元であった。何よりもコミュニケーションの大切さを実感したからでもある。

むろん無料で提供することとし、そこに従業員ともども家族団らんの憩いの場としても利用できるよう配慮してみた。

お陰で、勉強会や研究会などにも活用できるので大変喜ばれている。人の喜びは、私の喜びでもある。「人の不幸は蜜の味」という輩もいるが、これでは本物とはいえないと思うのだが、どうだろう。

〝我が人生に杭はあっても悔いはなし〟といきたいところである。

このように効率のよい経営というのは「コスト削減」が主ではなく、いかに「人を動かす」か、「人を喜ばす」かによって「会社が喜べる」かにもかかってくるのである。〝企業は人なり〟を地でいきたいと私は思っている。結果として長者番付に載るくらいになったら還元すべきであろう。

無駄をはぶく経営

「金はあるが物がない」時代が…

昭和四十八年（一九七三）といえば、ノーベル物理学賞を江崎玲於奈さんが受賞した年でもあるが、一方で、オイルショックのあまりトイレットペーパーや洗剤までもが買いだめ騒ぎとなった年でもある。その当時のことを掘り起こしてみた。私の発言が某紙で紹介されていたので、かいつまんで記述する。それは昨今の社会情勢と似ていることと、どのように経営を乗り切ってきたかが理解できると思うからである。

見出しは「無駄をはぶく経営」と題している。

「物価の高騰とともに紙代も値上がりとなり、どこもかしこも苦しい経営を強いられている。さいわい、私のところではこの四年間、企業努力と合理化によって値上げを避けることができた。仕事も忙しくなる一方だ。企業努力と一口にいっても、今日や明日のことだけ考えているのでは駄目で、三年先、十年先を見通すことだ。

しかし、変革のテンポが速いので、適確な見通しを立てるのも難しい。が、できないことではない。

■たえず勉強する

そのためには、たえず勉強することが必要だ。機会があれば、私は積極的に経営ゼミナールや勉強会に参加している。その時間さえ惜しむ人がいるが、それはとんでもない間違いで、大いに勉強して未来に具えることが肝要なのだ。

私の会社では、業界に先がけて完全週休二日制をとり入れたが、それには訳がある。『勉強するために休むのです。明日に具えて勉強してほしい』と従業員に言っている。これは猛烈主義でも何でもなく、やみくもに走り回っていかにも忙しがっている人を少なくするための方策でもある。〝労多くして功少なし〟である。

いたずらに労力を消耗するのではなく、考えて行動すれば実効につながるのである。

■変革の時代

会社が大きくなるにつれて無駄が多くなる。なかなか気が付かないものだ。私はそれを恐れる。これからの経営は無駄をはぶくことだと思う。ひょっとしたら『金はあるが、物がない』時代が来るのかもしれないのだ。

会社の存続性もそれいかんにかかっているといっても過言ではないであろう。例え時代が変わっても、新しいことを考えながら『うちは今度はこれでいく』とはっきり言えるものを探しておくべきだ。

いつまでも過去の栄光を引きずっていたら、その会社は取り残されるであろう。変革の時代にこそ、あらゆることに耐えられる心の準備と、新しい時代への要求に応えられる仕事を用意しておくべきだ」

このように私は述べているが、物価はともかく、昨年（平成二十一年）くしくもリーマンショックによって世界情勢も揺らいだ。紙も値上がりした。そういった意味でも、いつの時代においても勉強は欠かせないし、時代を先取りするぐらいの心構えが必要なのである。

強調して言おう。無駄をはぶいて、計画性をもち、〝もったいない〟労力を惜しむことを心掛けたいものだ。

ORIGINAL CARD
オリジナルカード
次世代を先取り!!カードの機能は進化し続けます!!
スルッとKANSAI
Jスルー CARD
全国共通
図書カード
全国共通
クオ・カード
カード型CD
CDカード
ジェンズ
アイピーフォン・カード
テレホンカード
ドコモテレカ
ふみカード
谷村高速印刷株式会社
http://tanimurainsatsu.com
E-mail info@tanimurainsatsu.com
本社 ☎06-6571-0175㈹ FAX06-6575-1910
〒552-0007 大阪市港区弁天2丁目3番9号
東京営業所 ☎03-3360-4427 FAX03-3360-6424
〒161-0033 東京都新宿区下落合1丁目10-7（落合ホームズ106）

営業用パンフレット

小さな改善で社会貢献

——歳末助け合いに百万円

車もやめ、たばこもやめ…

昭和五十二年（一九七七）の話であるが、当時、社員十二人、パート二人で営業は私一人が車で回っていた。そのうち石油ショックもあり、車は排気ガスもまき散らす、交通渋滞もまき起こす原因になることを考えさせられ、きっぱり車営業をやめる決断をする。車の維持費やガソリン代の節約にもつながった。それよりも何よりもあの石油ショックの時に、日本がアラブなどに懇願して石油を売ってもらう姿に辟易したからでもある。それ以来、営業回りは電車で行くことにしている。駐車場探しや運転などに神経を使うことより、電車の中のほうが、耳も、目も使えるというもんだ。ここでも「電車教室」が役に立っている。車に乗っているときは、さすがに利便さが優先するのかそんなことも忘れがちなもの。車といえば、最近では全車ではないが電気自動車が開発されてきた。いずれガソリンがいらなくなる時代がくることを期待したいものだ。

車から電車に切り替えて、数ある利点に気付かされた。それはまず得意先へ伺うのにほぼ正確な時間を伝えることができる点である。それによって信用が増すことだ。人との待ち合せにおいても同様のことがいえる。それと足腰が丈夫になったことだ。できるだけ階段の上り下りはエレベーターやエスカレーターに頼らず歩くことにしている。

一概にはいえないが、お得意先の開拓を、駅に近いところに決めて回ってみると一日当りの訪問件数も車と電車とでは大違いとなることが多い。また、電車内では次の予定も立てられるし、その時間には好きな本も読める。車をやめてから月に十二万円ほどの節約となったのも大きい。もともとこのお金はお得意さんからの預り金だと思っているのだから。

そこで何か還元せねばと私は考えた。まずお得意さんへの半額セールを実施した。お得意さんからは大変喜ばれ、「またやってくれんか」とせがまれるが、同時に信頼も厚くなってきたことは確かである。

次には社員への還元であるが、それは社員旅行の場で述べたので割愛する。それだけではなく、世の中には恵まれない人のたくさんいることを常々私は家族と話し合っていた。そこで家族と相談の上、朝日新聞大阪厚生文化事業団の「歳末助け合い義金」に百万円を寄付することにした。

それまで一日二箱以上吸っていた、たばこもやめた。家族も、お父さんがそこまでするならと共感し、長女（陽子―高校一年）、次女（浩世・中学一年）も、正月休みのスキー旅行をやめ、貯めていたお小遣いを足して協力すると言いだした。それを知った従業員までが賛同し、ポケットマネーをふんぱつしてくれたのだった。

当時の朝日新聞のインタビューに、私は、「これはもうかったからではなく、みんなで知恵を絞って節約したおカネです。従業員も娘たちも、もっと困っている人がいるのだ、と分かってくれたようです」

と話した。

こう話しながらグッとこみあげるものがあった。私はこのとき従業員と家族の一体感を味わって感無量だったのである。

東京からサンパウロへ

——六十四歳の挑戦

常に前向きに…

新たなビジネスチャンス

昨日見た夢が正夢になった。

まさに我が社が、海外に進出することになったのである。しかも南米最大の都市ブラジルにである。

それは平成十年（一九九八）十二月のことであった。ちょうどタイミング良く我が社が創業四十周年を迎えた年でもあり、売上げも急成長していた時期でもある。テレフォンカード事業の新たな展開として、ブラジルはサンパウロ市パウリスタ通りに「谷村高速ブラジルＬＴＤＡ」を設立した。事務所は、向かい側に日本総領事館、グローボーテレビ局（世界で三位の）、近くに日本の大手銀行が隣接したオフィスの中心街に置いた。そこに、テレカとカードの二事業部を発足させ、ブラジル全土すべての電話公社との間で販売契約までこぎ着けることができた。

当時、ブラジルでは今世紀最後ともいえる大型民営化（国営電話公社の解体）がなされようとしている時期であった。そのため世界の国々から注目の的で、いろんな事業が新規参入の対象となっていた。私もその一人に過ぎないが、テレフォンカード事業の新規参入では一歩先を行っていたのであろう。我が社と各電話公社とが共同作業することになった。インターネット・コレクターや一般向けにテレフォンカードを販売することが許可された。その後、共同で展示会をやったり、現地ナンバーワンのカード印刷会社と提携を結んだりと多忙を極めた。

大量のテレフォンカードとＩＣカードは現地で、小ロットと特殊加工のものは大阪本社で生産する体制を整えることにした。

なにせブラジルは日本国土の二十三倍もある。南米大陸となると五十倍なのだから、商業圏としては計り知れないドでかさである。

発想の転換―先駆け市場に標準

私はこれまでにもハードとソフト両面の企画力を強化してきた。それに必要なのは、情報収集と人脈形成だと思っている。何事も二番煎じを好まないので、常に先駆け市場に標準を置いてきた。これは企業規模に関係なく、この不況をどう乗り越えることができるかと考えた場合、いつまでも景気回復を待っていたのでは仕方あるまい。日本が駄目なら海外に目を向けるのも一考であろう。前にも書いたが、日本の製品の精度、技術力は海外に負けないものがあるのだ。

〝知恵は無限の資源〟としてチャレンジ精神を持ち続け、小さな大企業を目指すことであった。

常に前向きに

このブラジル進出には、多くの人の力を借りたり、視察や市場リサーチなど、ビジョンを立ててから約一年がかりの仕事であった。もちろん事業計画や目標をしっかり立てたし、真剣そのものであった。しかし、何といっても気持ちの問題で、前向きでなければ実現しないことを実感した。ときには人に耳を貸すことも大事で、いいことも悪いことも〝本物の人〟なら言ってくれる。それで刺激を受け、勇気をもらいながら、私は、それを糧として実行してきたつもりである。やはり、生き残って行くためには、人真似では通用しないし、独自の発想も生まれてはこない。つまりは海外進出も生まれてはこない。不可能を可能にする積極さで行動するのみである。

第三の人生と位置づけ――六十四歳にして、またもや単身赴任

「谷村社長は、自ら歩く広告塔として、またあるときは情報アンテナとして努力を続けてきた。同社の最大の特色といえば、やはり社長の存在そのものなのかもしれない」

そのころの業界新聞に、私を評してこのように取り上げられていた。ありがたいと思う。ただ、今までも、そしてこれからもそうだが、私自身を過信したことは一度もない。割と世間は狭いもので、間違った見方をすることも多い。私は私の生き方でありたいと願って行動することにしているだけだ。

さて、またしても単身でブラジルに乗り込んだのだが、あらためて東京に進出したときのことが甦ってきた。だが、そのときのと今回のとの違いを思い知らされる。

一つは言葉であり、もう一つは年齢である。

ブラジルの言葉はポルトガル語で、仕方なく通訳を介するのだが、その通訳の出来いかんが問題となる。それでもお互いの目標は一つなので、身振り手振りでも結構通じるもの

である。それからは、日常会話を話せるぐらい勉強はしたが困難は極めた。もう一つの年齢だが、これには勝てっこない。年齢的にはまだまだのつもりでも、とにかく行動範囲は日本と段違いに広い。計らずも六十五歳の誕生日を、一人寂しくサンパウロで迎えることになった。

その誕生日にまたしても私は意気を感じる。そうだここは異国なのだ。かのペリーさんだって成し遂げたではないか。何を躊躇うことがあるものか、私は日本から海外へと事業展開したこと、日本で長年培ってきたことをここで実行すること、そして経営の原点に立って努力することの決意をもって第三の人生を全うすることを自分に言い聞かせたのである。

我が反省記

ところがである。そうそううまくいくものではないのである。私の半生記の中で唯一の汚点といっていいだろう。まさに反省記でもある。サンパウロへ常駐することもできず、

サンパウロ社長室

連邦警察の最高責任者と

現地の人を雇うことになるのだが、やはり、言葉や習慣の違いなども災いし、結局はほぼ一年くらいで終止符を打つことになった。

〝先見の明〟が無かったことになるが、それもこれも私のチャレンジ精神のなせる技だったと思っている。

それにしても引け際が肝心とはよく言ったものだ。大損をしてからでは間に合わないのだし、やり直すにも時間がかかる。押せ押せムードの中の奮戦であったが、束の間のやり甲斐のある第三と覚しき人生であった。ここでも何も言わず私に後押ししてくれた内助に感謝である。

同郷に偉人あり

——石橋信夫さんのこと

信念を貫くための…

「信念の人」「頑固」「一徹」「独りよがり」「信念を貫くための猛烈な努力家」と言われた猛者がいる。大和ハウス工業創業者の石橋信夫さんである。石橋さんは、大正十年（一九二一）に奈良県吉野郡で生まれた。

私と同郷のよしみでもあり、創業経営者のひとりとして、また、大和ハウス工業をここまで育てあげられた功績を称えて紹介していこうと思う。創業者の一端が見え隠れする。石橋さんの経歴は、昭和十四年（一九三九）奈良県立吉野林業高校を卒業後、満州の営林局に勤務。終戦後は家業の吉野中央木材に勤務し、昭和三十年（一九五五）に、兄の義一郎さんたちと大和ハウス工業を創立。その後、常務、社長、会長を歴任された。

周知のように、大和ハウス工業はプレハブ住宅の先駆け（我が国初という）で、リゾートホテルなどの観光事業にも着手し、海外にも進出している大企業である。

石橋さんは、第二次大戦中に大ケガをされたが再起され、終戦後間もなくシベリアに抑留されて、死ぬか生きるかの瀬戸際も体験なされている。

この体験が、どんな困難にもくじけない闘志を掻き立てさせていると思える。口ぐせともとれる「人生も経営も戦いである。戦う以上、勝たねばならない」は、石橋さんの強い意志を物語っている。

それから、とかく創業者に見られがちなのが「独断」型か、「冷静」型かであろうが、どちらかといえば、前者が創業者、後者が後継者であろうか。

私自身、「せっかち」と言われるほど決断が早いほうである。かの〝マツモトキヨシ〟先生が、千葉県松戸市長時代に「すぐやる課」を作ったというのが思い出される。

享年八十二歳で亡くなられた石橋さんの「信念」が、この日本の「サムライ魂」を呼び起こし、次世代に継承されることを念じてやまない。

■寸筆
——漢詩のすすめ

周知のように、学生の時に学んだ朱子（の説といわれる）の詩は、分かり易く次世代にも通ずるものだ。

これを般若心経でも読むように唱えると明日が見えてくるような気がする。人生模様が起承転結でよく表現されているものだと感心する。

少年《しょうねん》老《お》い易《やす》く学《がく》成《な》り難《がた》し
一寸《いっすん》の光陰《こういん》軽《かろ》んずべからず
未《いま》だ覚《さ》めず池塘《ちとう》春草《しゅんそう》の夢《ゆめ》
階前《かいぜん》の梧葉《ごよう》已《すで》に秋声《しゅうせい》

〔訳〕若い時は先が見えないものだ。だからといって勉強しないで軽く考えていると
いつの間にか年老いてしまうものである。
だから若いうちに何事も学んでおかなければならないという意味である。

私の講演概要

感想文からの教え…

ここに私が今まで講演してきた概要を顧みる。講演のテーマとしては、私が日本一の印刷所を目指して日々活動をしている内容が主となっている。なかでも力説したのは、

①働かない営業マンはいらない。
②商品は、なるべく安く、正しく、スピーディーに。
③世のため、人のために尽くして働く。
④人の人のやらないことをやる（創意と工夫）。
④親からの「無形財産」に感謝。

などであるが、そのことは講演会の後日にいただいた激励や感謝状に表われているので掲載することにした。順不同で名前も伏すが、感動を呼びおこさせてくれるとともに、いかに各人が努力しようとしているかを読みとれることと思う。文中に、私の所感を参考までに述べさせていただいた（当時の言葉が足らない部分を補うために）。

私の講演概要

講演会といえば、私自身講師を頼まれることが多い。
ここに主な概要を表にして掲載する。

講演年月	主　催	場　所	テーマ
昭和51年9月	日本HR協会北陸総合経営センター	富山電力ビル	新しい経営戦略体験記 • 社有車ゼロ、アイデア提供・スピード仕上げで週4日間働き3日は未来開発をするユニークな経営
昭和51年11月	石川県経営者協会、日本HR協会	金沢商工会議所	〃
昭和52年3月	大阪市中小企業指導センター	大阪市経済局第一会議室	〃
昭和52年7月	尼崎東ロータリークラブ	尼崎浪速信用金庫東難波支店	〃
〃	因幡産機ASK事務局	駅前第一ビル2F第一画廊	小さいからこそできる小集団経営
昭和53年10月	近代経営社、日本HR協会「あすなろ経営研究会トップマネジメントサークル」	大阪・大林ビル29階	—創意と工夫—私の体験から • 2年間で売り上げを2倍にした経営における創意と工夫についての体験談
昭和55年2月	大阪商工会議所	大阪商工会議所4階401号会議室	80年代を生き抜く中小製造業のあり方 —技術力、販売力、人材、高付加価値をいかに伸ばすか—
（※これは、工業経営シンポジウムで、司会は、日本HR協会・山田宏氏、講師は私の他、ゴーダEMB・合田実氏、棚沢八光社・棚沢日佐司氏、関西大学教授・藤田彰久氏であった）			
昭和55年4月	ダスキン	大阪商工会議所会議室	山川式経営戦略で新しい独自の発想を学んだ私の経営
昭和61年4月	日本生命奈良支社		〃
平成3年1月	NTT大阪新町支店「管理者研修会」		セールスマンは、一人で十分だ、私の山川式単身赴任作戦
平成4年6月	リクルート	本社ビル	年間新規先200社と年商20億を一人で達成した私の山川式経営哲学
平成14年1月	豊島区倫理法人会		〃

◉感想文（その1）

1. 今まで自らやって来た仕事、その実績に基づいた自信、人に語る時の説得力の高さ、人に影響を与え、人を動かしていくためには自らの断固たる信念を持たねばならないとあらためて感じた。

2. 現在市況の厳しい中、谷村社長が常に自分を追い込む状態に置きつつ明確な目標に向かって突き進むことを教えられた。

3. ハイモラル、ハイテンションを保って、さらに売り上げを伸ばしてゆく姿勢は、私自身すぐにでも営業活動に活かすべきと考えます。

4. とても元気な社長に会えて、私のほうが年寄りに感じてしまいました。

5. 日々、人に、時間に流されてしまいがちな私にとって、社長のこだわりと強さは目を覚まされる思いがしました。

6. 人より先をいつも頭に置いて頑張れるのは、社員と家族のことを真剣に考えられている〝やさしさ〟からなのでしょうか。

7. いつも私は「なんとかなるさ」、「まーいいや」、「しょうがない」で片付けてしまいがちでしたが、これからは「なんとかしよう」、「これでいいのか？」、「もっとほかに何か」と自問自答しながら前向きに仕事をしていこうと思います。

8. あの社長は、くじけたことはないのでしょうか？　またあったとしてもその時どうやって立ち直ったのでしょうか？

※（筆者）

私にだって、くじけそうになったこと、またくじけたことは何度もありました。さすがに社員や家族のことを思ったら不穏なことを考える余地もありませんでしたが。それより何よりもみんなを幸せにすることばっかり考えていましたので、これが私の生きがいなのです。きれいごとではないのです。生命というものは、自然と一体なのです。お迎えがくるまで全うしましょう。健全であれば立ち直れます。

9. 頭では判っていても足がすくんで一歩も前へ出られないことがあります。その悲壮感を払拭された社長の強さを身につけたいのですが？

※（筆者）

それは、はっきり言ってご自分の甘えからきているものでしょう。人間誰しも弱いものです。守るべきものがあれば心強いのではないでしょうか。ご自分の生活にも仕事にも自信がもてるというものです。

10.「為せば成る　為さねばならぬ何事も――」の名言を残した上杉鷹山《ようざん》（この項の末尾【脚注】参照）は、私の出身校「米沢興譲館」の創立者で、校訓ともなっていました。

社長の生き方・強さとともに、この言葉をかみしめました。

11.私の感じたポイントは、①「山川式戦術」の考え方と、②ピンチに立たされた時、人と異なる道を選び続けたことの二点でした。私の新人時代を思い出しました。このたび社長が鍛えてくれたのは、①自己の商売哲学を強くもつこと、②はっきり主張すること、③金銭感覚に敏感であること、④人情に厚いこと、⑤大阪の商売人たれ、などでありました。

12. 仕事に取り組む姿勢を学んだ。人それぞれいろんな生き方があるけれども谷村さんの勇気と決意に「すごさ」を感じた。

13. 山川式にみる〝反骨精神〟のパワーに圧倒された。一人であれだけの年商を得られたのは、コテコテの大阪商人魂と人並みはずれた精神力があってのことだろうと思う。

14. 常に人と差別化させる、その努力をする、それをきちんと実践されていることに感動しました。私も即実行したい。

15. 高齢にもかかわらず、営業にこだわりをもってやられていることでエネルギーをもらいました。

16. ①チャレンジ精神の旺盛さ、②強い信念、③独創に対するこだわり、を強く感じた。

17. 営業面におけるエピソードをもう少し聞きたかった。

※（筆者）

本書の第一章からお読みいただければ、営業時の場面がつかみ取れると思う。

18．やっぱりお客さまとのコミュニケーションが大事であることと、お客さまの立ち場に立って有益なことができるかをあらためて知りました。もちろん奥に秘めた危機感をもちながら。

19．私の印象に残ったこと。
①社長のきれいな瞳、②一見、家族をほったらかしにしてそうだけど、実はすごく大切にしてそう、③信じる者は救われる、④自分より目上の者がいない苦労とうらやましさ、⑤男の生き方（完全燃焼）。

20．情に厚く、自分の信条をもつことが営業の基本と感じた。

21．「言っとくけど、得意先回りは営業やない、単なる御用聞きや。新規開拓しなければ本物の営業とは言わんのや」でハッとさせられました。これは私の課題です、頑張ります。

22．お客さまのところで〝高齢化社会の到来〟について話をすることがありますが、みんなが、谷村さんのようにバイタリティーがあれば、そういう社会が来ても日本社会が下落することはないだろうなーと。もし、隠居される時が来たら何らかの形で日本経済を救っていただきたいと思う。

※（筆者）

私も常日頃からそう思っています。私が日本社会を救うなど大それた考えはもち合わせていませんが、形はどうあれ社会の一員としての協力は惜しまないつもりです。

23．大変な時に土地を買った。でも結果的に住宅関連の仕事が舞い込んで成功した。こんな旨い話を予想していたのでしょうか？

※（筆者）

確かにそう思いたがるのは無理もありませんね、しかし現実はそう簡単に行くものではないのです、私はいつも好奇心をもって行動していますので、チョッとしたことでもヒントになりうるのだと思います。土壇場に立たされた時ほど、その力を発揮するよう心掛けています。みんながやりそうもないことに目を向けてみてください。

24. 〝これだ〟と思った時の決断の早さが功を奏することを勉強させられました。ただ新規営業の秘訣を具体的に教えていただきたかった。

※（筆者）

秘訣というほどのことではないが、本書をひもとくと少しは感じていただけることと思う。

例えば不況といわれる現代で、同業者と話をした時、出てくる言葉は異口同音に「ほんまにあかんなー」とか「うちもあかんけどおまはんとこはどうや」ぐらいのものであろう。それから、同業他社と話をした時、「どうせ違う仕事やからわしゃ関係あらへん」で片付けてしまっているのではないだろうか。こんなことでは開拓どころではない。

開拓とは、日常の仕事をソツなくこなしてから考えるものだから休養が必要なのです。アイデアというものは過多といわれる情報の中だけに見逃してしまうものもある筈です。運だけに頼っていてはダメです。ターゲット（あまり好きな言葉ではないが）を絞って行動しませんか。私の知り合いに次のような人（無謀？）がいました。

東京の同業者です。仮にAさんとしましょう。

ある日、Aさんは社長にイスを蹴とばされ早々に営業に出されました。行く当てもなく、かといっていつものお得意さんじゃ、「何しに来たの？」と言われかねないので、違う方面を散策することにしました。とあるドでかい建物の前に目が止まりました。それは講談社という出版社でした。度胸を決めて入ることにしました。

案の定、受付で「どちらに用事でしょうか」と言われてAさんは、

「実は、私はこういうもので（名刺を差し出して）、誰とお会いする予約もなしに来てしまったのですが、編集か製作のご担当者に取り次いでいただけないでしょうか？」

と言ったところ、

「印刷関係でしたら製作部とおつなぎしましょう」

と、受付嬢は言って、その担当者を呼び出してくれたそうです。けんもほろろに

追い返されると思ったのでビックリしたとのこと。Aさんは、担当者に、「お忙しいところ突然で申し訳ございません。私は初めて営業回りをすることになりましたが、何かお仕事がございましたらいつでもご連絡ください」と挨拶して早々と帰ったそうです。それから数日後にその担当者から連絡があって仕事をすることになり、それが現在も続いているとのことです。

これは一例ですが、私はAさんの行動に三つの要素があると感じました。

それは、

①当たって砕けろの精神

②正直で誠実な心

③用件が済んだらサッと帰る

たったこれらのことだけでも、なかなかできるものではありませんが、チャレンジしてみてください。

25. 商品よりも、まずは自分を売って信頼を得る、得られる営業スタイルは大変勉強になりました。

26. 仕事に対する情報の目の付け所が早いことと、自分の考え、決めたことに信念をもち続ける強さを感じた。

27. 試行錯誤を繰り返すことも大事、新規事業の可能性を求めるのも大事、年齢に関係なく実行あるのみを強く感じました。

28. 次にどんなことに挑戦しようと考えているのか、ぜひ聞きたかった。

※（筆者）

「朝令暮改」という言葉があります。これは朝出した命令をその日の夕方には変える意味ですが、私はこれを逆に捉えるようにしています。

発想の転換、つまりその時々でチャレンジすることも変化するのです。ここで私が次に何に挑戦するのかは敢えて述べませんが、常にチャレンジする気構えがあることだけは言っておきましょう。

29. 自分も将来、独立して経営者になりたいと思っていますが、そのためには人脈を拡げ、情報感度を良くすることが大切だと痛感しました。しかし、既存の事業を投げうって、新規事業にかけた社長の度胸と信念に敬服しました。果たして自分が、同じ立場だったらそのように決断できるかどうか…。ところで、関西におられるご家族とは、どうやってコミュニケーションをとられているのでしょう。

※（筆者）

単身赴任者ならどなたも同じように、時々電話で話もできますし、むしろケンカもできなく愛着が増すのでは？

30．特に一月の二日に東京へ出て来られたところに社長の行動力の速さを感じた。私も身に付けたいと思います。社長の好きな言葉をお聞きするのを忘れましたが。

※（筆者）

私の好きな言葉は「先手必勝」です。よく「攻撃は最大の防御なり」という言葉も使われますが、私は、創造力と工夫が勝負だと思っています。その心構えと実行力によって新たな人脈ができ、それが財産となるのです。

31. 私も自分らしさを出して戦いたい。別に社長のマネをするのではなく、社長の考えとか夢とかを聞きたい語りたい。

※(筆者)
本書に私の考えや夢など網羅したつもりですが、いつでも私にご連絡ください。語りましょう。

◉感想文(その2)

1. ともすると自分の範囲から出ようとせず、権限がないからとか、どうせ取り上げてもらえないだろうとか、全て自分以外に擦り付けがちですが、その守勢の意志を強く叩かれたとみんなは自覚したようです。
「親の折檻、子が聞かん」の例えどおり、社内の私共が言うよりも社外の、しかも実際に体験された社長のおっしゃることが、皆の心を強くうったようです。元来私は一ヶ所に停まっていられないタイプで、一つのことを出来上がるまで熱中はしますが、やり遂げた後は誰かに任せ、次を探すという具合でした。「何か良いことないか」と社内をいつも探して、今も一つ抱え込もうとしており、前例のないことをやらかそうとしています。相当抵抗があるものと予想されますが、社長のお話をうかがい、気持がふるい立つ思いです。

2. 私自身、とても反省させられましたし、情熱の炎が燃えあがったように思えます。今日まで、自分の生活、物の捉え方、考え方にどう一貫性をもたせようか悩んでいたところです。お話をお聞きして一歩進めることができた感じがしました。

3. 谷村先生の第一印象は、正直言ってこれほど物事を深く考え、熱意や意欲をもち創造される方とは知りませんでした。お話を聞くにつれ親しみを感じました。「人との出会い」「感謝のできること」は本当に大切だと思います。〝金ではない無形の財産をもらった〟とはどういうことなのだろうと考えながら聞いていたのですが、「粉になって働け」「まじめになって働け」などの考えが無形の財産であることを知らされ、私もこれからこの財産をもちながら〝有形の財産〟にしたいと思います。

また、あらゆる物事に対して常に前向きになれる人、自分自身の挑戦ができる人、危機感をもち自分を追い込むことができる人になれるよう努力いたします。とかく保守的な私にとって楽な道を選んでしまうのですが、現状に甘んじてはいけないことを痛切に感じました。

人間生きている限り、いつも問題意識をもち、人を思いやる心とか、ありがたいと思う心を仕事や生活面で活かしていきたいと思います。お話をなさっている時の先生のお顔、あの生き生きとした目、姿、動作、どれをとっても「感謝の心」が滲み出ている気がしました。私は、故鈴木会長（この項の末尾【脚注】参照）を彷彿させるほどに感じました。

4．社長の言われる「常に危機感をもち、自分に厳しく人にはやさしく」は、私の甘い生活に活を入れてくださいました。アイデア・知恵で勝負すること、即行動・実行する手法を学び、今日から私も生活改善に取り組もうと思います。

5. 自分なりにある程度の目標を定めて、やるべきことはやってきたつもりですが、その目標設定の段階で甘さがあることに気付かされました。なかなか自分を究極の状態にもっていくことはできない感がありましたが、最後まであきらめない精神力を身に付けたいと思います。私の部署は経理部ですが、谷村社長のようなファイトと行動力のある経理マンとして価値のある存在になるよう目標を設定します。勉強あるのみです。

6. 社内の勉強会や本などで勉強しているのですが、どうしてもマニュアル化されたアドバイスしか得られていませんでした。しかし、社長の行動力・決断力・根性に耳を傾け全身が震える思いでした。まさに社長は生き字引です。「実践してこそ人に言えるのだ」の言葉を忘れずに何事も挑戦したいと思っています。

7. お話の中で、「恵まれていたからこそ反骨精神が生まれ育てられた」ということで、〝リンゴの八等分割〟（◆「我が故郷そして脱皮」に掲載）について説明されました。私の発想とは大違いで、そこにおける表裏一体の考え方を教えていただきました。恵まれているからこそ安定を求め、周りに目を向けるゆとりさえない私（幅の狭い人間）も、社長が心の支えとしている言葉「人は身を粉にして働け」を肝に銘じて、四分一歩・半歩と歩幅は狭いながらでも着実に〝人間の幅〟を伸ばしてまいります。

8．毎日のマンネリ化で、何か新しいことを始めるのも面倒だし、現状で何も問題がなければそれでいいや、と思ってきました。ところが社長はあのお歳（すみません）でも、あらゆる時、所でアンテナを張り巡らして、自分の手でチャンスを掴み取られたではありませんか。

簡単に真似できそうにはありませんが、私なりにチャレンジしようと思います。鈴木会長の言葉「おおいなるもの」に守られているのでしょうか。しかし、次々とチャンスをものにしていかれた闘志・根性は谷村式の資質であると確信いたします。

（合掌）

◉感想文（その3）

1．遠方まで来ていただき、谷村社長の熱意あふれるお話ぶりに職員一同感謝するとともに、多くを学ばせていただきました。これからも前進あるのみと志をもち、仕事にも人生にも励もうと皆で誓い合いました。

2. 商売の世界の先輩の心にふれるお話の数々、感動でいっぱいです。「人間は粉になって働け」人の三倍働け、世の為人の為つくせ」とか、また「売れない人を何人おいてもダメ、ちょっとした発想・アイデアが大切、山川式経営哲学」等々、たくさんの勇気をいただきました。今後とも人生の師としてのご指導をよろしくお願い申し上げます。

3. 私事でありますが、単身赴任をしており、健康と時間の浪費をしていることを大いに反省しました。自身を磨くため、新しいことにチャレンジしていくことを心あたにさせていただきました。

4. NTTの前身、電電公社でさえ週休二日制の導入は、昭和五十六年（一九八一）でありました。それが御社では昭和四十七年（一九七二）ですから、画期的なことだと思います。そして自ら開発された印刷技術はその業界のパイオニアといえるでしょう。

「よい商売を、安く、スピーディーに納める」「人がやらないことをやる、原点にもどる」社長の商売哲学はもとより「男」の琴線にふれた思いがします。

5. 裸一貫で身を興された真金の話には、迫力と勢いがあり、数々の人生の修羅場を潜り抜けてこられた厳しさの現実を感じとることができました。

セールスとは、経営とは、私も一番好きな言葉である「人のやらないことをやれ！」と身を絞り出すよう叫ばれたが、最後まで頭に焼きついて離れませんでした。

6. 企業経営者というのは「シャープな頭の切れでカッコ良くスマート」のイメージでした。それが谷村社長は、シャープな頭の切れはその通りですが、実に人間味あふれる方でした。体当たりのセールスをしながら、炊事、洗濯、健康管理までこなすなど、なかなかできることではないと思いました。

私は二人の子供に形を変えてことあるごとに話をしてますが、「豊かな社会が子供たちにどのような影響を与えるのか」は考えさせられる部分でありました。だいたいは親の背中をみて育つものなのでしょうが、その見本となる親として、社長の生き方がとても参考になりました。

7. 私が特に印象に残ったのは、
○新しく開拓するのが営業マンである。
○山川式単身赴任作戦で人と違うことを考えてみる。
○両親からの「無形の財産」を大事にしよう。
の三点であった。時にお地蔵さんに手を合わすことも学びました。

8. 順風満帆な成功者の話とはまるでほど遠い、波乱の人生哲学から学びとれる「ド根性＝反骨精神」、「アイデア＝発想の転換」「先見性＝時代の先取り」がひしひしと感じられました。さまざまな試練をものともせず商売の好機につなげるバイタリティーに感動いたしました。
少年時代に芽生えた「兄貴は兄貴、俺は俺」の反発心が今も宿り、あらゆる難敵にも立ち向かう心を持ち続けている社長を見習いたいと思います。家業の自転車屋とは異なる印刷業の道を歩まれただけではなく、当時の住宅ブームに乗り、住宅情報のチラシ印刷によって社業を拡大されました。その間「一生勉強」をモットーに、ゼミ・研修会などにも積極的に参加。常に行動し、いろいろな人との出会いによってヒントも得ています。

テレフォンカードとの出合いもそこに生まれたのでしょう。その後においても社長の独創性が随所にみられます。とにかく他に真似のできない、①スピーディー、②低料金、③アフターサービス、④美しい仕上がりに重点をおきながら一人営業をいかんなく発揮されています。東京に単身で乗り込み、次々に大手百貨店へ営業されたのも見事ですし、「商品を売る前にまず人間を売り込め」を実践された行動力とその意気込みに鬼気迫るものを感じました。

私も今後仕事をする上で「一味違った輝きを持った管理者」となるよう自己研鑽に努めてまいりたい所存です。

—上司が知りたい報告は、手柄話ではなく真実である— 合掌—


その都度このように感想文をいただいているが、むしろ講師を承って私自身、励ましと勇気をいただいた。皆さまに感謝申し上げたい。

この感想文のように一人一人違っていいと思うし、それぞれが今後の人生に向かって生

関西大学教授藤田先生と記念講演
（大阪商工会議所於）

NTT 講演会

HR 協会全国大会　京都国際会館にて

HR 協会全国大会　東京明治記念館にて

大 阪 商 工 会 議 所

相談所発第365号

昭和55年2月28日

谷村高速印刷株式会社

代表取締役　谷　村　　勇　殿

大阪商工会議所

理事・中小企業相談所長

山　内　直　[illegible]

シンポジウムご講演お礼

拝啓　時下ますますご清祥の段大慶に存じます。

さて、先般の大阪商工会議所支部開設5周年記念シンポジウムにご出講賜わり誠に有難うございました。

お蔭様で、当シンポジウムは極めて盛況で、貴台をはじめ講師陣の中味の濃いご講話により、出席者も裨益するところが多かったものと存じます。

末筆ではございますが、貴台のご健勝と今後一層のご活躍をお祈りいたします。

先は、取り急ぎ書中にてお礼申しあげます。

敬　具

講演会礼状

きられることを願っている。

【脚注】

上杉鷹山（治憲《はるのり》ともいう）は、私も尊敬する一人。江戸後期の山形は米沢の藩主であったが、藩政改革によって、破産寸前だった藩を立て直した人物である。

どのように立て直したかというと、まず自ら倹約をする傍ら、領民に対しても年貢をきちんと納めさす徹底ぶりであった。痛みを分かち合うことから始めたのであろう。

それだけではない。織物などの特産物を領民に施し、技術力も向上させた。そして藩校（学校）を建てて、西洋医学も取り入れ、教育も充実させたのである。天明の大飢饉で人々を救ったことでも知られている。まさに身を切る覚悟でなければ実現はできない仕業であろう。

ただ単に歴史を紐解くだけではなく、先達の教えから学ぶことは多いものだ。この藩が立ち直ると同時に、この藩（国）からよそへ逃げようなどと思うまい。「おれについてこんかー」、答えは「はい」である。

今でも校訓として残され、子弟に受け継がれていることに敬意を表したい。

【脚注】

鈴木会長とは、**鈴木清一氏**（株式会社ダスキンの創業者）のことである。

明治四十四年（一九一一）、愛知県の碧南市に生まれ、東京・中央商業学校を卒業後、川原商店（ロウ問屋）に入社。戦後、大阪でケントク（ワックス製造問屋）を創立。その後、昭和三十八年（一九六三）に、サニクリーン設立。翌年ダスキンに社名変更。フランチャイズシステムを確立した。

このように書くとダスキンの沿革だけと思いがちだが、創業者というものは、紆余曲折あるものだということが分かる。

鈴木会長の画期的な事業は、流通組織の確立のみならず、お掃除用具などのレンタル事業を全国展開したこと。ミスタードーナッツ事業（一九七一年）の導入によって多角化を図り、我が国初の複合フランチャイズシステムを切り開いた。

今でも鈴木会長の経営理念が、現社長の山村輝治氏を始めダスキン全社に脈々と受け継がれているのは間違いない。

鈴木会長の思想である「喜びのタネをまこう」という経営理念と社員全員が会社の始業時に毎日唱和され続けているという。

享年六十八歳の若さで逝去された鈴木会長を忍びつつ、ダスキンの経営理念を掲載させていただく。

「一日一日と今日こそは
あなたの人生が（わたしの人生が）
新しく生まれ変わるチャンスです

自分に対しては
損と得とあらば損の道をゆくこと

他人に対しては

喜びのタネまきをすること
我も他も（わたしもあなたも）
物心共に豊かになり（物も心も豊かになり）
生きがいのある世の中にすること
合掌
ありがとうございました」

（出典：株式会社ダスキンＨＰより）

■寸筆

――井上ひさしさんのこと

悲しいことだが、今年の4月にほぼ私と同年代の井上ひさしさんが亡くなられた。彼は「ドン・ガバチョ」や「ひょっこりひょうたん島」、そして『吉野吉野人』など、劇作家でもあり小説家でもあった。

彼の言葉があまりにも奥深いので紹介する。

「むずかしいことをやさしく
やさしいことをふかく
ふかいことをおもしろく
おもしろいことをまじめに
まじめなことをゆかいに
そしてゆかいなことは

あくまでゆかいに」

あまり難しく考えずに私も人生を全うしたいと思っている。アイデアなども、何か困ったとき、ふとその辺にあるものがヒントになるらしい。

私はいつも身の回りに筆記具を用意している。寝るときは枕元に、情報というものは活用するためにあるのだから、大いに活用しよう。

誰かが残してくれたもの、それも活用しよう、その人のために。忘れないために。お別れの会には、関係者内外から千二百人もの人が弔問に訪れたという。みんなに愛され惜しまれた方だったとつくづく思う。

小さいからこそできる
――山田宏さんとのこと

小回りが利く、血の通った人づくりが…

山田宏さん（日本HR協会専務）と私との出会いは、豊中にいる私のすぐ上の兄（四男の延広）に誘われて「商業界」のセミナーに行ったのがきっかけであった。箱根小涌園で行なわれたそのセミナーには約二千名ほど参加者がいた。

その時の世話人に「私の講演概要」の脚注で紹介した鈴木清一さんがおられた。セミナーも分科会に分かれ、私は山田宏さんの講義を聴きに行った。それでも五、六百人はいた。講義が終ったあとで、質問を受け付けたので質問した記憶がある。その後の懇親会などでも親しくさせていただいて、とても勉強になったことを覚えている。それから、昭和五十五年（一九八〇）のこと、大阪商工会議所主催の「八十年代を生き抜く中小製造業のあり方」をテーマに、工業経営シンポジウムが開かれた時に、山田さん始め五人の発表者が招かれた。私もその中の一人で、それぞれ得意の分野についての意見発表となった。「人や技術などの経営資源にどのように投資すべきか」「創業当時の原点に戻って、あらゆる分野に商品開発の目を向ける」など興味深い話があった。

その折に、山田宏さんは次のようなことを話しておられた。

「最近の日本の工業製品は非常に国際競争力をつけてきた。これは、①製品の機能が良くなったこと、②品質が安定していること、③納期の信頼性が高いことがあげられる。この三点は今後とも強めていかねばならない問題であろう。これからの中小企業は質の時代となる。その意味で企業体質の方向づけが重要となる」

まさにおっしゃる通り、日本製といわれるものに擬似は少ないであろうし、こまいところまで検査合格してからの製品が多いのも確かである。今後ますます国際的に躍進することを願わずにはいられない。

さて山田宏さんには『小さいからこそできる』（日本経済新聞社刊）という著書がある。私の大事な蔵書の一つだが、その一部をお借りすると、「企業規模の小さいことの嘆く経営者がいる。そういった会社に共通しているのは、小さいことのもつ利点を生かしていないことだ。小集団企業には、トップの理念が浸透しやすい、小回りが利く、血の通った人づくりができる、といった大企業にはとても真似のできない強味がある。

こうした潜在的な長所をどう引きだし、実際の経営につなげていくかがポイントとなる」

ごもっともである。自ら出版社の社長として、小集団経営を軌道に乗せてきた彼ならではの文言である。

また、ある雑誌の取材で私のところにお見えになった折、対談した内容とともに記事にされたことがある。

彼は三十年間に千社以上もの企業の現場を見てきたことからも分かるように、その紙面には次のように紹介されていた。

タイトルは「意地が企業の個性をつくる—大企業の出来ないことに挑戦する経営者達—」であった。

その概略と要点を紹介する、なるほどと思われることがたんとある。

■七人の会社が週四日制

一寸の虫にも五分の魂……の例えの如く、小企業にも意地があってしかるべきだ。大企業のシッポの後からついて行くのが宿命といったあきらめを経営者が持っていたのでは人材なんて集まりっこない。

昭和四十九年一月から、月に一回、週四日制に踏み切ると宣言した会社がある。大阪の谷村高速印刷という会社で、社員は僅かだという。アメリカでは週四十時間を四で割って一日十時間労働としたから、評判は悪い。ところが、この会社はそのとき、週三十二時間としたから驚きだ。

■小企業の決断

ダスキンが完全週休二日制を実施したのは昭和三十九年で、松下電器より一年早かった。このときの従業員数は三名くらいと記憶する。それが十年くらいで三百倍ほどに成長した。といっても、今や労働日数が少ないからではなく、むしろ、賃金などの働く条件が魅力あったものかもしれない。

■見栄を張らない経営

こんな話がある。ある機械メーカーの中小企業で、付き合い広告は一切出さない。応接室はつくらない。客人とは立って話をする。お茶も出さねば、接待は一切しない。肩書きのない人とは話さない…という、ないないづくしの会社であった。

ところがこの会社にはそれなりの流儀があって、「こうした失礼は、全部納入機械の精度を高めるためのもの…」と説明する。担当者にウケは悪いが、経営者には頷けるところがある。そこで経営者（肩書きのある）が自ら出向きたがる。こんな芸当は大企業ではできないが、小企業の特色というのは、見栄や体裁でキバルよりは捨て身でかかることから生まれるように思う。

■無形資産

〝アイデア〟と〝勇気〟が小さい企業を発展させる無形資産である。テレビの対談で、当時九十二歳のグリコの江崎会長にお会いした。江崎さんは元々薬屋さんで、お菓子を始められたのが四十三歳であったという。

有明海のカキにグリコゲンが含まれていることを知り、薬を必要とする病いの人よりも、健康の人が圧倒的に多いことを考えての転業だった。〝一粒三百メートル〟のキャッチフレーズもユニークだし、ハート型も珍しいし、例のオマケをつけることも新手だった。月に二百種類も考えて、だぶらない工夫をしたという。

■意地と執念がアイデアを生む

グリコの続きだが、最初は無名商品だけに売れなかった。そこで人目に触れさす必要があった。

当時は浜寺の海水浴場が大変な賑わいだったので、そこに目を付けたが『行商人立入るべからず』の立札でシャットアウト。並の人間なら諦めるところだが、考えに考え抜いたあげく、今でいう〝自動販売機〟を思い立ったという。

といってもメカニックなものではなく、小箱に五銭入れれば一つ持って行って良しの原始的なものであった。この捨て身のPR作戦で次第に売れるようになったという。そこでいえるのは、経営者の創作活動が生命であり、事業家としての生き甲斐でもあるのだ。

結局は、頭の良し悪しではなく、意地と執念の産物であり、仕事にほれ込んで真正面から取り組む姿勢が大事なのである。そして、何とかしてやろうと苦しみの中でも思い続けることから〝アイデア〟も生まれ、これをものにしようとする行動力の支えが勇気なのだと思う。

■己を知る経営を

孫子の兵法に「敵を知り、己を知らば百戦危からず」とある。情報化時代の渦中にある昨今、敵を知ることは容易だが、その弊害は己を忘れることにあったといえる。世間水準を見ることより、自分の事業体の中で創作をして行くことこそが、経営者およびその社員に求められることであろうと思う　（出典：「月刊チェンバ（大阪商工会議所刊）」）

と結んでおられた。まさに、経営者のみならず、次世代への警鐘とも受け取れる。何事も「やらず」「知らず」「語らず」では話にならないと思う。「小さいからこそできる」の延長線上にある、これらのことを肝に銘じて、さらに前進したいものである。

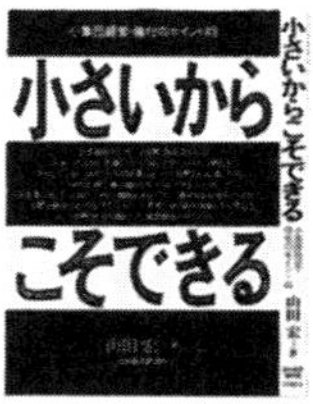

発行 日本経済新聞社

マスコミにも幅広く紹介された山田宏さんの本

私の足跡と会社の年譜

足跡は物語る

○昭和九年（一九三四）二月

奈良県吉野郡吉野町で八人兄弟の末っ子で生まれる。

○昭和十五年（一九四〇）四月（六歳）

吉野町立水分小学校に入学

○昭和二十一年（一九四六）三月、四月（十二歳）

吉野町立水分小学校を卒業、吉野町立吉野中学校入学

○昭和二十四年（一九四九）三月、四月（十五歳）

吉野町立吉野中学校卒業

この年の春、一人大阪へ職を探しに出たが、西区の小さな活版印刷所にようやく就職する。職を得たとき、街はすでに秋色に包まれていた。

○昭和二十七年（一九五二）四月（十八歳）

大阪天満学園高校定時制入学

これまでコツコツ貯めたお金で小型の名刺印刷機を買う。夜学から帰ってから名刺印刷のアルバイトを始める。

○昭和三十一年（一九五六）三月、四月（二十二歳）

大阪天満学園高校定時制卒業、奈良県立短期大学夜間部に入学

この年に活版印刷所を辞め、名刺印刷の下請けとして、港区（大阪）で念願の独立。

「谷村印刷社」の看板を掲げる。

○昭和三十三年（一九五八）三月、四月（二十四歳）

奈良県立短期大学卒業

名刺印刷業を開業する。

○昭和三十四年（一九五九）九月（二十五歳）
港区（大阪）田中一丁目に一戸建住宅購入。

○昭和三十五年（一九六〇）三月（二十六歳）
結婚

○昭和三十六年（一九六一）十月（二十七歳）
長女誕生

○昭和三十七年（一九六二）四月（二十八歳）
名刺印刷業を廃業し、活版印刷業に転換する。

○同年　十二月
港区（大阪）田中二丁目に一戸建住宅購入。

第二工場とする。

○昭和三十九年（一九六四）三月（三十歳）

港区（大阪）田中二丁目に第二工場を新築。社員寮兼工場とする。

○同年　六月

次女誕生

○昭和四十年（一九六五）三月（三十一歳）

第一の得意先が倒産。二百万円の不渡手形を食らう。手形取引の恐さを痛感し、以後現金商売を心掛ける。

○同年　七月

不渡の二百万円のうち、くしくも六十万円が配当金として戻る。即日、そのお金を手付けに二百二十万円の家を豊中で購入。損害の百四十万円を取り戻すことを目的とした。

○昭和四十二〜四十三年（一九六七〜一九六八）（三十三〜三十四歳）

港区（大阪）の印刷業組合会長に推薦される。このとき、活版印刷からオフセット印刷への切替えを組合員に説得するも、相手にされなかった。確かに活版の全盛期だったこともあるが、もくもくと一人、オフセット印刷の研究をし続ける。

○昭和四十四年（一九六九）七月（三十五歳）

四年前に二百二十万円で購入した家が、三百五十万円で売れる。これに銀行借入れ三百五十万円を加えて、七百万円の家を買う。その時、初めて住宅のチラシとの出合いが始まる。活版印刷を廃業し、同時にオフセット印刷に転換する。住宅関連企業の折込チラシ印刷の一本化に絞り込む。

○昭和四十六年（一九七一）頃（三十七歳）

一人当り生産性日本一を目指し、本格的な経営の勉強を開始する。

○昭和四十七年（一九七二）七月（三十八歳）

港区（大阪）田中に本社ビル完成。スエーデン製の高速印刷機を購入。この年から完全週休二日制を始める。

○昭和四十八年（一九七三）五月（三十九歳）

営業用の自動車を廃し、電車営業に切り替える。月間約十二万円の節約になる。

創業以来、個人最初の高額所得番付に登録される。

六月、港区（大阪）弁天町に土地三十五坪を買取り平家建倉庫として建築する。

○昭和四十九年（一九七四）四月（四十歳）

この年から月一回週休三日制実施。

○昭和五十年（一九七五）三月（四十一歳）

港区（大阪）弁天町の平家建倉庫を二階建に改築し工場完成。西ドイツ製ミラー両面同時高速印刷機を購入。この年に建売業者へダイレクト・メールで我が社の印刷業務を広く宣伝する。

○同年　四月

法人成り

社名も谷村印刷社より谷村高速印刷株式会社として発足。

○同年　八月

お取引先各社へ半額セールを約一ヶ月半実施。反響を呼ぶ。

○昭和五十一年（一九七六）十月（四十二歳）

チラシの規格サイズから縦・横各五ミリ小さくすることを考案し、独自の谷村ＪＩＳ規格の用紙を別注。紙代十％の節約となる。

第一回社員研修旅行　ハワイ

○昭和五十三年（一九七八）七月（四十四歳）

弁天町工場の隣接地九十坪を買収し、内四十坪の拡張工事が完了。投資額八千万円。新規のお得意先開拓を目標に、二回目のダイレクト・メールを実施。

○昭和五十四年（一九七九）三月（四十五歳）

港区（大阪）弁天町工場に、西ドイツ製ローランド二色機増設

○昭和五十五年（一九八〇）四月（四十六歳）

港区（大阪）弁天町工場に、三菱四六半裁二色機増設

○昭和五十六年（一九八一）五月（四十七歳）

港区（大阪）弁天町工場に、デザイン設備、撮影用設備一式増設

○昭和五十八年（一九八三）十一月（四十九歳）

第二回社員研修旅行　香港・マカオ

○昭和六十年（一九八五）五月（五十一歳）

港区（大阪）弁天町工場に、小森四六半裁四色機増設

名刺付メモ帳の新商品を大手証券、損保、生保等に対し全国展開にて発売する。

○昭和六十一年（一九八六）九月（五十二歳）

テレカの印刷に関連する機械設備を増設

○昭和六十二年（一九八七）一月（五十三歳）

テレカの営業開拓のため、単身で東京池袋に営業所開設

○昭和六十三年（一九八八）（五十四歳）

早稲田大学システム科学研究所入学

○平成元年（一九八九）六月（五十五歳）

第三回社員研修旅行　韓国・ソウル

○平成二年（一九九〇）五月（五十六歳）

法人最初の高額所得番付に登録

台北へ女房と個人旅行

○平成三年（一九九一）二月（五十七歳）

伊豆高原に保養所開設

○同年　六月〜十二月（五十七歳）

港区（大阪）弁天町に四階建本社ビル完成

小森菊半四色機増設

法人高額所得番付に登録

早稲田大学システム科学研究所修了

第四回社員研修旅行　オーストラリア

○平成六年（一九九四）八月（六十歳）

カナダへ女房と個人旅行

○平成七年（一九九五）五月（六十一歳）

第五回社員研修旅行　ハワイ、マウイ島

○平成九年（一九九七）五月（六十三歳）

個人高額納税者番付に登録

○平成十年（一九九八）十二月（六十四歳）

ブラジルテレカの開拓を目指し、東京からサンパウロに渡る。

○平成十七年（二〇〇五）九月（七十一歳）

会社退職

○平成十八年（二〇〇六）十二月（七十二歳）

長女の孫二人の大学入学祝を兼ねて三人でハワイ、ホノルルに旅行。

○平成十九年（二〇〇七）十月（七十三歳）

長女と孫の三人でタイ・バンコックに旅行。

○平成二十年二月（二〇〇八）二月（七十四歳）

大阪に戻る

○平成二十一年（二〇〇九）三月（七十五歳）

長女の子（孫）関西大学第一高等学校の入学祝を兼ね、次女、次女の子（孫）四人、計七名でハワイのワイキキビーチにて全員で乾杯。

○同年　十一月

女房の退職記念に長女と三人でタイ・バンコックに旅行。

可愛い八人の孫からの手紙

八人の孫たちも、ある程度大きくなってきたが、私にとって孫はいつまで経っても可愛い孫である。この子たちの目から見た私へのメッセージは、何にも代えがたく私の宝物である。

（私の七十六回目の誕生日へのメッセージ）

読者の皆さんにも覚えがあろう、最愛の家族からの言葉や手紙はどれだけ自分を奮い立たせてくれることか…。

感激！

おじいちゃんへ
おじいちゃん誕生日おめでとう。
おじいちゃんはとにかくおしゃべりで
とても行動力がある人です。
僕が小さい頃におじいちゃんと
デパートに行った時、歩くのが速すぎて
迷子になったのを覚えています。
家族とおじいちゃんで一緒に出掛けても、
一人で先を歩いて、いつの間にか
いなくなったりするおじいちゃんは、
若い僕より元気だと思います
そして何よりおじいちゃんはよくしゃべります！
僕はおじいちゃんと一緒にいて
暇になったことがないくらい常に何か

しゃべっています。
でも、そんなにおしゃべりできるおじいちゃんは
他にいないと思います
これからもずっと元気なおじいちゃんでいてほしいです。
僕はこんなおじいちゃんが大好きです。

◎竜也より（高校二年生）

おじいちゃんへ
誕生日おめでとう、
おじいちゃんは「おじいちゃん」って言葉が全然似合わないほど、
毎日いきいきしてて前向きで、
なんと言ってもほんとに行動力のある人だと思います。
桃が食べたい！　と思えば岡山に、
カニが食べたい！　と思えば福井に、
その日に決めてその日に行っちゃうおじいちゃん。
ハワイに連れて行ってくれた時も、
予約から全てしてくれたおじいちゃん。
お店の人や偶然隣に座った人でも、
誰にでも話かけて友達になってしまうおじいちゃん。
大学情報など、大学生の私より詳しいおじいちゃん。
家に遊びに行けば、軽く四時間は話し続けるおじいちゃん。

こうやって書き出してみても、やっぱりおじいちゃんは、
普通のおじいちゃんとは違うな、とつくづく思います。
静香も二十一歳になって、おじいちゃんが今までしてきた事
などが理解できるようになって、静香よりもずっと若い時から
働き始めて自立して、現状に満足しない、その向上心で
いろんな事に挑戦して結果も残して、「おじいちゃんって
ほんまにすごいな」と尊敬しています。
いつまでも、そんな普通とは違う〝カッコイイおじいちゃん〟
でいてください。
毎日いきいきしてて笑っているおじいちゃんが
大好きです♡
これからも長生きしてネ。

◎静香より（大学四回生）

おじいちゃんへ
お誕生日おめでとう。
私が物心ついた時から、おじいちゃんは東京で暮らしていて、
年に数回しか会えなかったから、大阪に帰ってくる日を、
とても楽しみにしていたのを今でも覚えているよ。
大きくなるにつれて、私のおじいちゃんは
他の人と少し違うなって思い始めました。
大学での合宿で東京に行った時、七十歳近くの
おじいちゃんが、銀座や渋谷に連れて行ってくれたり、
ハワイに旅行に行ったり、おいしい食べ物は
現地で調達して家まで送ってくれたり、
驚くような事ばかりしてくれましたね。
私が今まで何不自由なく暮らし、大学まで行けたのは
おじいちゃんのおかげです。

他にももっとたくさん感謝の気持ちを伝えたいけれど、
また追い追いお手紙を書いて伝えようと思います。
本当にみんなに自慢できるおじいちゃんです。

◎千裕より（銀行勤務・二十四歳）

「東京のおじいちゃん」

おじいちゃんはどんな人?

こう質問されたらおじいちゃんの話題で何時間でも話す事ができます。(笑)

今でもよく友達や職場の人におじいちゃんの話しをします。

しかもそれでかなり盛り上がります。

それぐらい話題が尽きない人、そんな僕のおじいちゃんの話しをします。

僕が物心ついた時、おじいちゃんはなぜか東京に住んでいました。僕達兄弟はみんな東京のおじいちゃんと呼んでいました。

子供の頃は何をしているのか全くわからず、ただ知っていたのは社長であるという事だけでした。それだけでおじいちゃんはすごい人なんだと、子供ながら勝手に思っていました。ただ大人になった今は、その頃以上に本当にすごい人だと改めて知らされました。

プラス思考で向上心がある、行動力がある、弱音を絶対吐かない、話しがうまい、聞き上手、話題が豊富、とにかく元気! 口癖が幸せー!(笑)

言い出すとキリがないですが、とにかく絶対幸せにしかなれないような性格をしています。

今でも自分がへこんでいる時なんかはおじいちゃんの所へ行き、いろいろな話しを聞いて僕が元気をもらいます。

おじいちゃんと話しをしているとなぜか自分も幸せな気持ちになります。

孫と話しをして元気をもらうおじいちゃんはいても、孫と話して逆に元気を与えるおじいちゃんはなかなかいないと思います。

そんなおじいちゃんを僕はすごく尊敬しています。

そして、いつか僕も孫に元気を与えられるようなおじいちゃんになりたいと思います。

いつまでも長生きして僕に元気と幸せを与えて下さい。

◎真吾より（商社勤務・二十五歳）

以上、結城家より

DEAR　おじいちゃん
HAPPY BIRTHDAY♡
長い間お仕事お疲れ様でした。
大阪に帰って来てから会える機会が
増えて嬉しいよ!!
これからはおばあちゃんと二人で
健康でいつまでも元気に過ごしてね :)

◎華子より（大学一回生）

おじいちゃんへ
おじいちゃんHAPPY BIRTHDAY!!
長い間仕事お疲れ様でした。
これから好きな事をまた見つけて
人生楽しく生きてください。
いつまでも健康で元気なおじいちゃんでいてください。
またいろんな話、聞かせてね。

◎桃子より（大学一回生）

おじいちゃんへ
誕生日おめでとう。
今まで仕事お疲れ様でした。
ずっと東京にいて、たまにしか会えなかったから
大阪に帰ってきて、たくさん会えて嬉しいよ。
これからはおばあちゃんと二人で仲良く
健康でいてください。
私は大学生活を充実させます。

◎桜子より（大学一回生）

谷村勇　様

おじいちゃんの孫として生まれてこれたことを、

誇りに思います。

お誕生日、おめでとう。

◎友美より（病院勤務・二十歳）

以上、井関家より

※おじいちゃんから感謝を込めてひと言。

「ありがとう、君たちの未来に乾杯‼」

結び

今年は我が故郷が祭りの真っ盛り、祝賀ムードに包まれている。「平城遷都千三百年祭り！」と題して、奈良のあちらこちらでイベントが催されている。日本の始まりとも言われる首都「平城京」が誕生してからちょうど千三百年になるそうだ。こじつけかもしれないが、私のこの本が今年誕生するのもひょっとしたらそれと無縁ではないのかもしれない。なにせ、奈良の都で育ち金峰山寺の山岳修行を積んだ父の教えが私の心に宿っているような気がしてならないからである。

奈良の見どころは沢山あるが、寺院では三大仏の代表格の東大寺を始め、興福寺（国宝館がある）、法隆寺（ここには金堂や大宝蔵院、百済観音像、夢殿などがある）、中宮寺（大和三門跡寺院の一つ）、薬師寺（金堂や薬師三尊像がある）、そして、天平の甍で有名な唐招提寺、大法仏殿がある春日大社、大和三名庭園の一つの慈光院などがある。また、若草山、奈良公園、平城宮跡などもあり、どこを見学しても心が洗われることであろう。

〔参考までに、東京・日本橋室町に「奈良まほろば館」があり観光情報を提供している〕

私にとっては今でも奈良は心の故郷だ。もっとも十五歳までしか居らなかったのだが「三つ子の魂百まで」とはよく言ったもので、いくつになっても忘れないものだ。

本書で述べたように、私の小さい時の日課と言えば、井戸の水汲みから始まり自転車の修理に明け暮れていた。それが今でも生きていると言える。勤勉も労働も〝なにくその〟反骨精神もそこが始発なのだから。

私は明年（平成二十三年）早々に七十七歳の喜寿を迎える。

思えば、女房があのボロ家にトラック三台分の嫁入り道具を持参して、入るかどうか四苦八苦した頃からおよそ五十年を経過しようとしている。その間、女房の幸子がいつもニコニコ笑って明るい家庭を築いてくれたお陰と感謝している。

女房と私の馴れ初めは、女房の伯父さんのお世話であった。父とも子供の頃からの大の仲好しですんなり結婚するに至った。

その後、私たちと女房の母（本書では、おばあちゃん）と一緒に四十年の長きに亘り暮らしていたが、二年前に寝ずの看病もむなしく天国へ旅立った。おばあちゃんとの思い出は尽きないが、感謝しても感謝しきれない気持ちでいっぱいである。

八人いた私の兄弟も現在では三人になった。

三女と四男と私だけである。これからも健康でいてほしいと願うばかりである。

二人の娘も四十路を過ぎたが、二人とも健康に恵まれてすくすく育ってくれたものだ。嫁に出すときは見せたくない涙も出たが、それぞれが子供の学校のＰＴＡの役員を買って出るほど奉仕の気持ちを持てるように成長してくれた。家族ぐるみで英会話の勉強をしたことが今でも思い出される。

その娘たちが、四人ずつの子供に恵まれたが、次女に三つ児が生まれた時には驚きもし、右往左往したものだ。

孫の一人が関西大学一高に合格した時に、ハワイのワイキキビーチで一緒に乾杯したことも忘れられない思い出の一コマである。

今も年一回の家族旅行を楽しみにしている。

さて本書を書くきっかけは、私のこのような営業一筋であれ一つの事業を全うしたこと、人生の中でかけがえのない人との出会いがあったこと、そして、まだまだ伝え足りないことであったので、それをまとめようと思ったことが発端である。

女房が孫に小遣いをあげることを喜びとし、私は〝じいちゃんのバイブル〟として「半生記」を後世に残すことにした。

あらためて言うと、人それぞれに生き方はあるにせよ、人と同じようなことをやっていては、次なる発想は生まれないということである。

「窮すれば変じ、変ずれば通ずる」

これは、三千年も前に中国から伝えられた言葉だが、人間、追い詰められるとそこで何か打開策を見つけようとするものだ。

人の成功を羨んだり指をくわえて待っているなどと言うのは愚かなことだ。

何事においても本物になることだ。本物になって前を見据えることだ。

創英社／三省堂書店のお陰で本書が世に出るが、私にとっては子供が生まれるような感動ものだ。長年の資料を整理するのに半年もかかってしまったが、最終的に編集者とのやりとりでまとめることができた。編集者から呼び出しがかかってから三時間半後には東京に着き、その後、コーヒー一杯で六時間も缶詰状態で打ち合わせに没頭。「そろそろ閉店です」の店員の声で我に返り、なぜか「とんかつ」を食べたくなった。しかし、食事がのどを通らない。それもそのはず、まだ頭の血が胃に届かなかったのである。「ほんまに　おおきに」。私の正直な気持ちである。

最後に読者が、この本から少しの自信を、少しの勇気を、そして謙虚な心を読み取っていただければ幸いであり、明日への糧としていただければ筆者冥利に尽きる。

そして本書に際し何からなにまでアドバイスをいただいた創英社／三省堂書店の編集1部　部長の水野浩志さんに心から感謝申し上げる。

著者略歴

谷村　勇（たにむら　いさむ）

1934年　奈良県生まれ

1958年　奈良県立短期大学

（現）奈良県立大学卒業

1991年　早稲田大学システム科学研究所修了

（元）谷村高速印刷（株）代表取締役

裸一貫で挑戦した 年商20億円

2010年8月26日　初版発行

著者

谷村　勇

発行・発売

創英社／三省堂書店

〒101-0051　東京都千代田区神田神保町1-1

Tel：03-3291-2295　Fax：03-3292-7687

制作／プログレス

印刷／製本　藤原印刷

ISBN978-4-88142-504-6 C0095